NEW EDITION

Candide
ou L'Optimisme

Voltaire

Adapted for
intermediate students by
Gilles de la France

Mc Graw Hill **Glencoe**

New York, New York   Columbus, Ohio   Chicago, Illinois   Peoria, Illinois   Woodland Hills, California

Cover art: Christian Jégou
Interior illustrations: Terry Riley, SGA Illustration Agency,
IP7 5AP England

 **Glencoe**

The **McGraw·Hill** Companies

Send all Inquiries to:
Glencoe/McGraw-Hill
8787 Orion Place
Columbus, OH 43240

ISBN :   0-658-00551-0
Printed in the United States of America
3 4 5 6 7 8 9 10 069   10 09 08 07 06 05

Introduction

Candide, written by Voltaire in 1759, is a work that is almost synonymous with the Enlightenment period. It was a time when some writers and philosophers were challenging church doctrine while espousing science, reason, and tolerance of ideas.

In *Candide* the author addresses the problem of evil: if the world operates according to a divine plan, why does a just God let terrible things happen? Some thinkers of the time, called Optimists, believed that everything occurs for the ultimate good. Even calamities, they held, are not random events but rather part and parcel of divine will. Such were among the beliefs of a philosopher named Leibnitz, whose views on the necessity for suffering did not fit with Voltaire's thinking.

A major natural disaster caused controversy to erupt over these opposing views of whether the world operates according to a divine plan. In 1755 an earthquake struck Lisbon, Spain, killing thirty thousand people. Some Optimists attempted to console survivors, explaining that even this terrible event must be seen as good, since God had willed it. For Voltaire such an event could not be explained so easily.

Through the character Candide, Voltaire gives a scathing retort to the idea that "all is for the best in the best of all possible worlds." Initially, Candide absorbs the ideas of his friend, the Optimist Pangloss (who represents Leibnitz). However, after he is beset by one disaster after another—including the Lisbon earthquake—Candide is forced to abandon his exceedingly cheerful worldview for a more measured one.

A Note to Instructors and Students

Both instructors and students will find this edition of *Candide*, adapted for the intermediate student of French, pleasing to read and easy to handle in the classroom. The key episodes and flavor of the original story have been conserved. To facilitate reading, many words and structures are marked and glossed in the text and have been collected, along with other words, in the French-English *Vocabulaire* at the back of the book.

Interspersed throughout the text are pre-reading exercises (**Lançons-nous dans la lecture...**) that have been written to guide students and that may provide an anticipatory question or problem to solve. Postreading **Travail de réflexion** sections are meant to provide ideas for writing activities.

Follow-up activites (**Suivons l'intrigue..., Recherchons le vocabulaire,** or **Trouvons les personnages**) are designed for both individual and small group/pair work. They consist of a variety of single-answer as well as open-ended questions that focus on both vocabulary and content, to provide ample review and to give students many kinds of practice in how to deal with a literary work.

Table des matières

Lançons-nous dans la lecture...

1. «Le meilleur des mondes»: Qui parle de cette théorie dans *Candide* et qu'est-ce que cela veut dire? Au cours de votre lecture des trois premiers chapitres, notez les événements qui prouvent ou contredisent cette théorie ainsi que les expressions et adjectifs.

1

Dans le plus beau des châteaux

Quelque part en Allemagne, il y a un grand château. C'est un très beau château, avec une porte et des fenêtres. Cela montre que le seigneur de ce château est très puissant°. Et ce seigneur, le baron Thunder-ten-tronckh, est vraiment très puissant: il a même une tapisserie° dans la grande salle du château! Ses serviteurs° l'appellent 5 Monseigneur, et ils rient toujours quand Monseigneur raconte des histoires.

Dans ce château, très grand et très beau, vit un garçon qui s'appelle Candide. Il s'appelle Candide parce qu'il voit les choses comme elles sont. C'est une qualité rare. 10

Madame la baronne, la femme du baron, est une dame très digne et bien considérée°: elle pèse° trois cent cinquante livres°.

Cunégonde est la fille de Madame la baronne. Elle a dix-sept ans. Elle est très jolie, bien sûr.

Le fils du baron ressemble à son père. Mais le personnage le plus 15 intéressant au château est Monsieur Pangloss, le professeur.

Monsieur Pangloss est professeur de métaphysico-théologo-cosmolonigologie. Il sait prouver qu'il n'y a pas d'effet sans cause, que nous vivons dans le meilleur° des mondes, que le château de Monseigneur le baron est le plus beau des châteaux et que Madame la 20 baronne est la meilleure baronne possible.

---

puissant powerful   **considéré** esteemed   **le meilleur** the best
tapisserie tapestry   **peser** to weigh
serviteur servant   **livre** pound (1/2 kilogram)

Le baron chasse Candide du château avec un grand coup de pied dans le derrière.

Il est évident que ce monde est le meilleur des mondes, dit Monsieur Pangloss, le professeur. Regardez autour de vous: les nez sont faits pour porter des lunettes°. Donc, nous avons des lunettes. Les jambes sont faites pour entrer dans des pantalons. Donc, nous avons des pantalons. Les pierres sont faites pour construire des châteaux. Donc nous avons des châteaux, et Monsieur le baron a le plus beau des châteaux car il est le plus grand seigneur d'Allemagne. Comme les cochons° sont faits pour être mangés, nous mangeons du cochon toute l'année: ce monde n'est pas un monde bien, c'est le meilleur des mondes possibles. 5

Candide est d'accord, car Mademoiselle Cunégonde est très belle 10 (mais Candide n'ose° pas le lui dire). D'ailleurs, Monsieur Pangloss est le plus grand philosophe de la terre, n'est-ce pas?

Monsieur Pangloss, le professeur, aime bien expliquer sa philosophie à la servante de Madame la baronne. Cette servante est une jeune femme, brune et jolie. Elle aime bien les leçons de philosophie, 15 justement. Surtout quand Monsieur Pangloss donne ses leçons dans le joli petit bois°, frais et discret, qui est à côté du château...

Un jour, Cunégonde se promène près de ce petit bois. Cachée° derrière un arbre, elle voit la leçon de philosophie que Monsieur Pangloss donne à la jolie servante brune. De retour au château, elle 20 rencontre Candide. Elle rougit°. Il rougit aussi.

Elle laisse tomber son mouchoir°. Il ramasse° le mouchoir.

Elle prend la main de Candide. Il embrasse° la main de Cunégonde.

Puis il embrasse la joue° de Cunégonde.

Puis il embrasse la bouche de Cunégonde. 25

Puis Monsieur le baron Thunder-ten-tronckh arrive, et voit ce qui se passe. Il est très en colère. Il donne une claque° à sa fille et il chasse Candide du château avec un grand coup de pied° dans le derrière°.

---

lunettes (eye)glasses	**rougir** to blush	**claque** slap
cochon pig	**mouchoir** handkerchief	**coup de pied** kick
oser to dare	**ramasser** to pick up	**derrière** bottom
bois woods	**embrasser** to kiss	
caché hidden	**joue** cheek	

Trouvons les personnages.

A quel personnage de la colonne **A** correspond chacune des descriptions de la colonne **B**?

A	**B**
1. Candide	**a.** il(s) rie(nt) toujours
2. Serviteurs	**b.** très joli(e)
3. Seigneur	**c.** grand(e) et très beau (belle)
4. Madame la baronne	**d.** une qualité rare
5. Pangloss	**e.** intéressant(e)
6. Cunégonde	**f.** très digne et bien considéré(e)
7. Château	**g.** très puissant(e)

2

Candide en soldat

Ce n'est pas gai d'être chassé du plus beau des châteaux! Candide est triste. Il ne veut voir personne. Il pleure°. Il dort dans les champs.

Un matin, il entre dans une auberge° pour se réchauffer°, car il a très froid.

Dans l'auberge, il y a deux soldats. Le Premier Soldat dit au Deuxième Soldat:

«Regarde ce jeune homme. Je crois qu'il a la bonne taille°.

—Je crois que tu as raison.»

Les deux soldats invitent Candide à déjeuner. Candide est honnête, il dit:

«Merci beaucoup, messieurs, mais je n'ai pas d'argent pour payer ma part.

—C'est sans importance! dit le Premier Soldat. Vous nous plaisez et nous vous invitons. Combien mesurez-vous?

—Cinq pieds cinq pouces°, je crois.

—C'est parfait. C'est parfait. Vous êtes notre invité. D'ailleurs les hommes sont faits pour s'aider, n'est-ce pas?

—Vous avez raison°, dit Candide. C'est ce que dit toujours Monsieur Pangloss, mon professeur.»

Le Deuxième Soldat dit à Candide:

«Vous aimez...

—Mademoiselle Cunégonde, oh oui!

—Non, non! Je vous demande si vous aimez le roi des Bulgares.

—Non. Je ne l'ai jamais vu!

---

pleurer to cry   **se réchauffer** to warm up   **pouce** inch
auberge inn   **taille** size   **avoir raison** to be right

—Vraiment! C'est le plus charmant des rois, et il faut boire à sa santé°.

—Avec plaisir, dit Candide. Et il boit.

—C'est très bien, dit le Premier Soldat. Vous voilà le héros des
5   Bulgares.»

Les deux soldats emmènent° Candide au régiment. On le fait tourner
à droite, à gauche, prendre un fusil°, poser un fusil, viser°, tirer°,
courir. Et on lui donne trente coups de bâton°. Le lendemain°, il fait
des progrès et il ne reçoit que vingt coups. Le surlendemain, il ne
10 reçoit que dix coups et tout le monde pense qu'il est un génie°.

Candide est un héros, mais il ne sait pas pourquoi! Un jour, il va se
promener dans la campagne. Tout le monde peut se promener, n'est-
ce pas? C'est ce que croit Candide. Il marche depuis une heure quand
quatre héros de six pieds de haut sautent sur° lui et l'emmènent en
15 prison.

Le lendemain, le juge lui dit:

«D'habitude, les déserteurs sont fusillés°. Mais je vous aime bien, je
vous donne le choix. Que préférez-vous: être frappé par tout le
régiment trente-six fois, ou recevoir, en une seule fois, douze balles
20 dans la tête?

—Je ne veux ni l'un ni l'autre, dit Candide.

—Mais il faut choisir, pourtant.»

Alors, librement, Candide choisit d'être frappé trente-six fois par le
régiment.

25 Un régiment compte deux mille hommes. Après deux tours°, Candide
n'a plus de peau° sur le dos°. Cela fait trop mal.

«Tuez°-moi! demande Candide.

---

boire à sa santé to drink   coups de bâton blows with   tour time around
   to (his) health   a club   peau skin
emmener to take along   le lendemain the next day   dos back
fusil rifle   génie genius   tuer to kill
viser to aim   sauter sur to jump on
tirer to fire   fusillé shot

—Bien volontiers°.»

On se prépare à le tuer quand le roi des Bulgares arrive. Le roi
pardonne à Candide. Un bon docteur guérit° son dos en trois
semaines, et il est prêt° lorsque le roi des Bulgares livre bataille° au roi
des Abares.

5

━━━━━●◆●━━━━━

Suivons l'intrigue.

Des chiffres et des nombres. À l'aide du texte, répondez aux questions suivantes:

1. Combien y a-t-il de soldats?
2. Combien mesure Candide?
3. Combien de coups de bâton reçoit-il la première fois, la
   deuxième fois, puis la troisième fois?
4. Candide choisit d'être frappé de combien de coups?
5. Combien d'hommes y a-t-il dans un régiment?
6. Le dos de Candide guérit en combien de semaines?

---

volontiers gladly   **prêt** ready   **livrer bataille** to give battle
guérir to cure

3

La Misère de la guerre

«Ah Dieu! que la guerre est jolie!» a écrit le poète. Rien n'est si beau, si brillant, si bien arrangé que les deux armées. Au milieu de la musique, les canons tuent environ° six mille hommes, de chaque côté. Ensuite, les fusils tuent environ neuf à dix mille soldats. C'est une
5 belle bataille: il y a au moins trente mille morts.

Candide, qui tremble comme un philosophe, se cache pendant toute la bataille. Puis, quand tout est fini, il decide d'aller philosopher ailleurs.

Il arrive dans un village abare que les Bulgares ont brûlé°. Le spectacle est atroce. Tous les habitants sont morts ou sont en train de° mourir.
10 «Drôles de° héros ces Bulgares!» pense Candide.

Il se sauve° dans un autre village. C'est un village bulgare que les Abares ont brûlé. Le spectacle est atroce. Tous les habitants sont morts ou sont en train de mourir. Candide ne pense plus rien et il marche droit° devant lui pour quitter les pays en guerre.

15 Un jour il arrive en Hollande. Il rencontre un homme qui parle à la foule°. Cet homme parle de charité. Quand il a fini son discours°, Candide lui demande un morceau de pain.

«Que venez-vous faire ici? lui demande l'homme. Y êtes-vous pour la bonne cause?

20 —Il n'y a pas d'effet sans cause, répond Candide. Et tout est arrangé pour le mieux.

—Mon ami, lui dit l'homme, vous croyez que le pape est l'Antéchrist, n'est-ce pas?

—Ah? non, je ne sais pas. Mais je sais que moi je manque° de pain!

25 —Tu ne mérites pas d'en manger! Va, misérable, ne m'approche plus jamais!»

---

environ about
brûler to burn
en train de in the midst of
drôles de funny

se sauver to take refuge
marcher droit to walk
  straight ahead
foule crowd

discours speech
manquer to lack

Jacques, un anabaptiste°, voit la scène. Il emmène Candide chez lui, le lave, lui donne à manger, lui offre un peu d'argent. Il lui propose même de travailler dans ses manufactures° d'étoffes° de Perse (celles qu'on fabrique en Hollande). Candide est heureux. Il dit:

«Maître Pangloss a raison: tout est pour le mieux dans ce monde!» 5

C'est le lendemain, pendant une promenade, que Candide rencontre un vagabond en très mauvais état: sa peau est couverte de boutons°, ses yeux sont morts, son nez est presque disparu, sa bouche est de travers°, ses dents sont noires et il tousse° sans arrêt.

***

Recherchons le vocabulaire.

L'ironie des descriptions de la guerre et de l'homme qui parle à la foule. Complétez les phrases en choisissant la réponse correcte parmi les contrastes suivants:

1. Que la guerre est atroce/jolie.
2. C'est une affreuse/belle bataille.
3. Candide se cache/se bat.
4. Le spectacle est atroce/magnifique.
5. Candide marche droit devant lui pour quitter les pays en guerre/aller à la bataille.
6. Cet homme parle de malheur/charité.
7. Va, misérable/bienheureux, ne m'approche plus jamais.

Travail de réflexion.

Résumez les événements des chapitres 1 à 3 en précisant s'ils prouvent ou contredisent la théorie du «meilleur des mondes». Pensez aux expressions et adjectifs utilisés.

---

anabaptiste member of a religious and political sect that started in the 16th century

manufacture factory
étoffe fabric
bouton pimple

être de travers to be crooked
tousser to cough

Lançons-nous dans la lecture...

Faits historiques. Dans les chapitres 3 à 6, Voltaire transpose des faits réels de son époque : la guerre de Sept ans (1756-1763) qui opposa la France et l'Autriche à la Prusse; le tremblement de terre de Lisbonne qui eut lieu le premier novembre 1755; et l'autodafé du 26 juin 1756 (un autodafé est le supplice du feu pour les hérétiques condamnés par l'Inquisition). Pourquoi Voltaire utilise-t-il ces événements dans son récit?

4

Pangloss retrouvé

Candide voit quelqu'un de plus malheureux que lui. Il lui donne l'argent que Jacques lui a donné hier. Le vagabond lui saute au cou° en pleurant. Candide recule°.

«Hélas! dit le vagabond, vous ne reconnaissez pas votre cher Pangloss?

5 —Quoi? C'est vous mon cher maître? Quel malheur° vous arrive? Pourquoi n'êtes-vous plus dans le plus beau des châteaux? Et où est Mademoiselle Cunégonde, le chef-d'œuvre de la nature?

—J'ai faim,» dit Pangloss.

Candide emmène Pangloss chez Jacques. Il lui donne un peu de pain.
10 Puis il demande:

«Eh bien! et Cunégonde?

—Elle est morte.»

Candide s'évanouit°. Quand il revient à lui, il dit:

«Cunégonde morte! Ah! meilleur des mondes, où es-tu? Mais
15 comment est-elle morte? Est-ce de chagrin° de m'avoir vu partir?

—Pas du tout, dit Pangloss. Elle a été violée° puis éventrée° par les soldats bulgares. Ils ont cassé° la tête de Monsieur le baron. Madame

cou neck	**s'évanouir** to faint	**éventré** disemboweled
reculer to draw back	**chagrin** sadness	**casser** to break (open)
malheur misfortune	**violé** raped	

la baronne a été coupée en morceaux, le fils de Monsieur le baron est mort lui aussi et le château est complètement détruit. Mais nous sommes bien vengés°: les Abares ont fait la même chose au château voisin° qui est bulgare!»

Candide demande à Pangloss quels sont les causes et les effets et les raisons suffisantes qui l'ont rendu si malade. 5

«Hélas! dit Pangloss, c'est l'amour. Le consolateur du genre humain, l'âme° de tous les êtres sensibles°, le tendre amour.

—Hélas! dit Candide, je connais bien l'amour. Grâce à lui j'ai reçu un baiser° et vingt coups de pied au derrière!... Mais comment l'amour 10 vous a-t-il rendu si malade?

—Il s'agit de° cette maladie que Christophe Colomb a ramenée° d'Amérique.

—Ô Pangloss! Comment une pareille maladie° peut-elle être possible dans le meilleur des mondes? Cela semble contradictoire. 15

—Mais non, mais non, mon cher Candide, répond le grand homme. Parce que Colomb a attrapé° cette maladie dans une île d'Amérique, nous pouvons déguster° le chocolat qui est un vrai délice!

—C'est admirable, dit Candide. Mais il faut vous soigner°.»

Mais Pangloss n'a pas d'argent pour payer le docteur. C'est Jacques qui l'aide. Bientôt Pangloss est guéri°. Il lui manque° seulement un œil et une oreille. Pour remercier Jacques, le philosophe s'occupe des livres de compte° de sa compagnie. 20

Ils vont à Lisbonne° pour des affaires°. Pendant le voyage, Pangloss et Jacques discutent. Jacques ne croit pas que ce monde est le meilleur possible. 25

---

vengé avenged	**ramener** to bring back	**livres de compte** account
voisin neighboring	**une pareille maladie** such	books
âme soul	a disease	**Lisbonne** Lisbon, capital
êtres sensibles sensitive	**attraper** to catch	of Portugal
beings	**déguster** to eat	**affaires** business
baiser kiss	**soigner** to take care of	
il s'agit de it concerns, it's	**guéri** healed	
a question of	**Il lui manque** He is missing	

«Les hommes ont corrompu° la nature, dit-il. Par exemple, Dieu ne leur a pas donné de canons, mais ils ont fait des canons pour se détruire.

—Mais non, mais non, mon cher Jacques. Tout est indispensable et les malheurs de chacun font le bonheur° de tous. Donc, plus nous sommes malheureux° et plus tout est bien.»

C'est quand ils approchent de Lisbonne que la tempête se lève.

Trouvons les personnages.

Trouvez l'auteur de chaque citation suivante (Pangloss, Candide ou Jacques). Expliquez ce que ces phrases veulent dire?

1. Les malheurs de chacun font le bonheur de tous.
2. Le chef-d'œuvre de la nature.
3. Les hommes ont corrompu la nature.
4. Nous sommes bien vengés.
5. Le consolateur du genre humain.

---

corrompre to corrupt, spoil   **bonheur** good fortune   **malheureux** unhappy

5

Catastrophe à Lisbonne

C'est une énorme tempête. La moitié° des voyageurs sont malades. L'autre moitié crient de peur. Personne ne travaille. Le capitaine du bateau a disparu°. Jacques, le bon anabaptiste, veut aider les matelots°. Un d'eux le frappe mais tombe à la mer. Jacques saute à l'eau et le ramène sur le bateau. Mais alors, c'est lui qui se noie°. Candide veut   5
sauver son bienfaiteur°, mais Pangloss lui explique que la rade° de Lisbonne a été formée exprès pour que Jacques s'y noie!

Bientôt le bateau coule°. Les seuls survivants sont Candide, Pangloss et le méchant° matelot.

Ils se reposent un peu sur la plage°, puis ils partent vers Lisbonne. Ils   10
sont à peine arrivés dans la ville que la terre tremble, les maisons tombent, on voit partout des flammes et des cendres°. Trente mille personnes sont tuées.

«Quelle peut être la raison suffisante de ce phénomène? dit Pangloss.

—Il y a quelque chose à gagner ici! dit le matelot. Et il part.   15

—Hélas! donne-moi un peu de pain et d'huile°! dit Candide qui est un peu blessé°.

—Ce tremblement de terre° n'est pas une chose nouvelle, dit Pangloss. Je me souviens du même phénomène, l'année dernière, à Lima.   20

—Peut-être, dit Candide, mais, pour Dieu, un peu d'huile et de vin.

—Comment peut-être? Je suis sûr qu'il s'agit de la même cause.»

Alors Candide s'évanouit et Pangloss lui apporte, enfin, un peu d'eau.

Le lendemain, ils aident les habitants qui ne sont pas morts. Le soir, le dîner est triste. Tout le monde pleure. Mais Pangloss explique que   25

---

moitié half	**rade** harbor (nautical	**cendres** ashes
disparaître to disappear	road)	**huile** oil
matelot sailor	**couler** to founder, sink	**blessé** wounded
se noyer to drown	**méchant** mean, nasty	**tremblement de terre**
bienfaiteur benefactor	**plage** beach	earthquake

Pangloss dit, «Les choses ne peuvent pas être autrement…donc, tout est bien.»

les choses ne peuvent pas être autrement: «Tout ceci est ce qu'il y a de mieux: car s'il y a un volcan à Lisbonne il ne peut pas être ailleurs, car il est impossible que les choses ne soient pas où elles sont, donc tout est bien.»

Un homme de l'Inquisition qui l'écoute parler le fait arrêter°.

5

————⊶◆⊷————

Recherchons le vocabulaire.

Remplacez les mots en italique par un synonyme selon le texte.

1. Jacques veut aider les *marins*.
2. Candide veut sauver son *ami*.
3. Jacques saute à l'eau, mais alors, c'est lui qui *meurt*.
4. Quelle peut être la raison suffisante de *cette chose*?
5. *Cette catastrophe naturelle* n'est pas une chose nouvelle.
6. Alors Candide *perd conscience*, et Pangloss lui apporte un peu d'eau.
7. Tout ceci est ce qu'il y a de *bien*.
8. Un homme de l'Inquisition qui l'écoute parler le *met en prison*.

---

le fait arrêter has him arrested

6

Un Grand Autodafé°

Après le tremblement de terre qui a détruit les trois-quarts de Lisbonne, les sages° de la ville décident que le meilleur moyen pour empêcher° les tremblements de recommencer, c'est de brûler quelques personnes.

5 On choisit donc un Basque parce qu'il s'est marié avec sa belle-mère°, deux Portugais qui sont presque certainement juifs°, le professeur Pangloss parce qu'il a trop parlé et Candide parce qu'il a trop écouté.

Ils restent huit jours en prison. Puis un jour, on fait une grande fête avec de la belle musique. On fesse° Candide en cadence. Le Basque et 10 les deux Portugais (qui sont presque certainement juifs), sont brûlés et, pour changer un peu, Pangloss est pendu°.

Le même jour, la terre tremble encore plus que la première fois.

Candide est épouvanté°. Il a mal°, il est perdu, il ne comprend plus: «Si c'est ici le meilleur des mondes possibles, que sont donc les 15 autres?» Et il pleure, et il se lamente, et il marche sans savoir où il va, quand une vieille s'approche de lui et dit:

«Mon fils, prenez courage, suivez-moi.»

Candide suit la vieille jusqu'à une petite maison. C'est pauvre mais propre°.

20 «Mangez, buvez, dormez, dit la vieille. Je reviens demain.»

Malgré° tous ses malheurs, Candide mange bien et dort encore mieux.

Pendant trois jours, Candide mange, dort et se soigne. Le soir du troisième jour, la vieille lui dit:

«Venez avec moi et ne dites rien.»

---

autodafé torture by fire (act of faith, Portuguese inquisition)	**belle-mère** mother-in-law or stepmother	**épouvanté** terror-stricken
sages wise men	**juif** Jewish	**il a mal** he feels sick, hurts
empêcher to prevent	**fesser** to spank	**propre** clean
	pendu hanged	**malgré** in spite of

Ils marchent pendant une demi-heure dans la campagne et ils arrivent près d'une maison isolée. Ils entrent dans la maison qui est très belle. La vieille laisse Candide tout seul.

Quand la vieille revient, elle est avec une belle jeune femme qui a la tête couverte d'un voile°. Candide regarde la jeune femme et il croit reconnaître Cunégonde. Il s'évanouit. Cunégonde, car c'est elle, tombe aussi. La vieille les réveille avec un peu d'eau et ils commencent à parler.

«Quoi! c'est vous! lui dit Candide; vous vivez! je vous retrouve en Portugal! on ne vous a donc pas violée? On ne vous a pas fendu° le ventre?

—Si, dit la belle Cunégonde, mais on ne meurt° pas toujours de ces deux accidents.»

Mais avant de raconter son histoire, Cunégonde veut connaître celle de Candide. Elle pleure quand elle entend l'histoire de la mort de Pangloss. Quand Candide a fini, elle commence.

——◆——

Suivons l'intrigue.

Répondez aux questions en faisant des phrases complètes.
1. Pourquoi un autodafé a-t-il lieu?
2. Quelles personnes choisit-on de brûler?
3. Pour quelles raisons sont-elles choisies?
4. L'autodafé est-il efficace?
5. Quelle est la réaction de Candide après le deuxième tremblement de terre?
6. Qui Candide retrouve-t-il ensuite?

Travail de réflexion.

Connaissez-vous d'autres œuvres littéraires qui utilisent des faits réels? À quelles fins des événements réels sont-ils utilisés dans ces œuvres?

---

voile veil   fendre to split open   mourir to die

Lançons-nous dans la lecture...

Le tragicomique. L'histoire de Candide et de Cunégonde est-elle triste ou gaie? Au fil de votre lecture des chapitres 7 à 9, notez la façon dont les événements sont décrits et le style de l'auteur. Comment vous, le lecteur, réagissez-vous à leur histoire? Relevez les faits tragiques et les éléments comiques.

7

L'Histoire de Cunégonde

«C'est pendant la nuit que les Bulgares entrent dans le plus beau des châteaux. Ils tuent mon père et mon frère et ils coupent ma mère en morceaux. Je m'évanouis. Un grand Bulgare haut de six pieds veut me violer. Mais je me réveille et me défends. Alors il me donne un coup
5 de couteau au côté gauche. J'en ai toujours la trace.

—Hélas! j'espère bien la voir, dit le naïf Candide.

—Vous la verrez, dit Cunégonde; mais continuons.

—Continuez,» dit Candide.

Cunégonde continue son histoire:

10 «Le soldat va me tuer quand un capitaine entre dans la pièce°. Comme le soldat est trop occupé°, il ne salue pas le capitaine, et le capitaine tue le soldat.

Puis le capitaine me prend comme prisonnière de guerre. Il me soigne et je lave ses chemises. Il me trouve très jolie, mais en trois mois il
15 perd tout son argent et il me vend à don Issachar, un commerçant juif qui aime beaucoup les femmes.

Je résiste beaucoup mieux au commerçant qu'au soldat. Pour m'apprivoiser°, don Issachar m'amène ici, dans cette splendide maison.

---

pièce room
trop occupé too busy

Pour m'apprivoiser To win me over

Un jour, à la messe°, le grand inquisiteur me voit. Il dit à don Issachar qu'il me veut. Don Issachar refuse. L'inquisiteur menace° de le brûler comme hérétique. Alors don Issachar accepte de me partager°: pour lui sont les lundis, mercredis et samedis, et pour l'inquisiteur les autres jours. Les seules disputes arrivent pour la nuit de samedi à dimanche, car les deux messieurs ne comptent pas les jours de la même façon. En tout cas, je résiste à tous les deux, et c'est pour cela qu'ils m'aiment toujours.

L'autre jour, pour lutter° contre les tremblements de terre et pour effrayer don Issachar, l'inquisiteur ordonne un grand autodafé. Imaginez ma surprise et ma douleur° de vous y voir fessé et ce pauvre Monsieur Pangloss pendu.

C'est sur mes ordres que ma vieille s'est occupée de vous. Et vous voilà, enfin!... Mais j'ai très faim, et vous aussi je pense. Commençons par souper.»

Ils se mettent à table. Le repas est à peine° fini que don Issachar arrive. C'est samedi, il vient expliquer son tendre amour.

————◦◆◦————

Suivons l'intrigue.

Mettez les faits relatés par ordre chronologique.
1. Le grand inquisiteur me voit.
2. Le capitaine tue le soldat.
3. Commençons par souper.
4. Cunégonde est prisonnière de guerre.
5. Les Bulgares coupent ma mère en morceaux.
6. Don Issachar vient expliquer son tendre amour.
7. Il veut me violer, je me réveille et je me défends.
8. Don Issachar m'amène ici dans cette splendide maison.
9. L'inquisiteur ordonne un grand autodafé.

---

messe Catholic religious service (mass)
menacer to threaten
partager to share
lutter to struggle
douleur pain
à peine hardly

8

La Colère de don Issachar

Le plus grand défaut° de don Issachar est la colère°. «Quoi, dit-il, ce n'est pas assez de Monsieur l'inquisiteur? Il faut que ce coquin° partage aussi avec moi?»

En disant cela, il sort un long couteau. Ah! Colère... Il ne remarque
5 pas que Candide porte une épée° que la vieille lui a donnée avec un costume neuf. Pour se protéger, Candide tire son épée et don Issachar (Ah! Colère...) saute dessus° et meurt.

«Sainte Vierge! dit Cunégonde, qu'allons-nous devenir? Si la justice vient, nous sommes perdus.

10 —Si Pangloss n'avait pas été pendu, dit Candide, il nous aurait donné un bon conseil, car c'était un grand philosophe. Mais puisqu'il n'est pas là, demandons à la vieille.»

Hélas il est une heure du matin, c'est dimanche. Ce jour appartient à° Monsieur l'inquisiteur. Et justement, le voilà qui entre!...

15 Il y a des moments, dans la vie, où il faut penser vite. Un de ces moments est arrivé pour Candide. Il pense: «Si ce saint homme appelle au secours°, il va me faire certainement brûler. Il va faire brûler Cunégonde aussi. C'est un ennemi. Puisque je suis en train de tuer, autant continuer°.» Sans plus hésiter, Candide se jette° sur
20 l'inquisiteur et le tue.

«Eh bien! dit Cunégonde, c'est du joli! Vous, qui êtes si gentil et si doux° d'habitude, vous tuez deux hommes en deux minutes!

—Ma belle! dit Candide, quand on est amoureux, jaloux et fouetté° par l'Inquisition, on ne se connaît plus.»

---

défaut weakness
colère anger
coquin rascal
épée sword
saute dessus jumps on it

appartenir à to belong to
appelle au secours to call for help
autant continuer might as well continue

se jeter to throw oneself
doux mild
fouetté whipped

Alors la vieille dit: «Il y a trois chevaux dans l'écurie°, que Candide les prépare. Madame, prenez vos bijoux°. Nous partons pour Cadix°. Il fait beau temps, et c'est un grand plaisir de voyager pendant la fraîcheur de la nuit.»

Ils sont bientôt partis. 5

Trouvons les personnages.

À quel personnage de la colonne **A** correspond une ou plusieurs descriptions de la colonne **B**?

A	**B**
1. Don Issachar	**a.** La colère
2. Candide	**b.** C'est un plaisir de voyager pendant la fraîcheur de la nuit.
3. Cunégonde	**c.** Un costume neuf
4. La vieille	**d.** Sainte Vierge, qu'allons-nous devenir?
5. L'inquisiteur	**e.** Il sort un long couteau.
	f. Il va faire brûler Cunégonde.
	g. Vous qui êtes si doux et si gentil!
	h. Justement, le voilà qui entre.

écurie stable   **Cadix** city in southern
bijoux jewels   Spain

9

Vers le nouveau monde

Un soir, ils s'arrêtent dans une auberge pour se reposer. Le lendemain Cunégonde découvre que ses bijoux° ont disparu. Ils vendent un cheval et Cunégonde et la vieille montent ensemble sur un des deux chevaux qui restent.

5 Quand ils arrivent à Cadix, on prépare une flotte° pour aller attaquer les jésuites du Paraguay. On dit qu'ils se sont révoltés contre les rois d'Espagne et du Portugal.

Candide montre ce qu'il a appris dans l'armée bulgare et bientôt, il est nommé capitaine.

10 Et Candide part en voyage avec Mademoiselle Cunégonde, la vieille, deux valets et les deux chevaux de Monsieur l'inquisiteur.

Pendant le voyage, Candide et Cunégonde parlent beaucoup de la philosophie du pauvre Pangloss.

«Nous allons dans un autre univers, dit Candide. C'est dans celui-là, 15 sans doute, que tout est au mieux. Car il faut avouer° qu'on peut gémir° un peu de ce qui se passe dans le nôtre.

—Je vous aime de tout mon cœur, dit Cunégonde, mais j'ai encore l'âme effrayée° de tout ce que j'ai vu.

—Tout ira bien, réplique Candide; la mer° de ce nouveau monde est 20 déjà meilleure que les mers de notre Europe; elle est plus calme. C'est certainement le nouveau monde qui est le meilleur des mondes possibles.

—Dieu le veuille! dit Cunégonde; mais j'ai été si malheureuse dans le mien que mon cœur est presque fermé à toute espérance°.

25 —Cessez donc de vous plaindre°! dit la vieille. D'autres ont eu des vies pires° que la vôtre.»

---

bijoux jewels	**effrayé** frightened	**se plaindre** to complain
flotte fleet	**mer** ocean	**des vies pires** more miser-
avouer to admit	**espérance** hope	able lives
gémir bemoan		

Après quelques discussions, ils sont tous d'accord: tout le monde sur ce bateau a eu une mauvaise vie, pleine d'ennuis°.

«C'est bien dommage, dit Candide, que le sage Pangloss a été pendu. Il nous dirait des choses admirables sur le mal physique et sur le mal moral qui couvrent la terre et la mer, et je me sens assez fort pour oser lui faire quelques observations respectueuses.»

5

Recherchons le vocabulaire.

Complétez les phrases selon le texte.

1. Ils s'arrêtent dans une auberge pour _____.
2. On dit que les jésuites _____ contre les rois d'Espagne.
3. Pendant le voyage, ils parlent beaucoup de _____ du pauvre Pangloss.
4. C'est dans cet univers, sans doute que tout est _____.
5. Car il faut avouer qu'on peut gémir un peu de ce qui _____ dans le nôtre.
6. J'ai encore l'âme _____ de tout ce que j'ai vu.
7. Mon cœur est presque fermé à toute _____.
8. Cessez donc de vous _____.
9. Il nous dirait des choses admirables sur le _____ et le _____ qui couvrent la terre.
10. Je me sens assez fort pour _____ lui faire quelques observations.

Travail de réflexion.

Quels sont les faits tragiques des chapitres 7 à 9? Quel effet ont-ils sur vous, le lecteur, et pourquoi? D'après vous, quel est le message de Voltaire?

---

ennui trouble

Lançons-nous dans la lecture...

Les classes sociales. À l'époque actuelle, dans notre société, pensez-vous qu'il existe des classes sociales? Dans les chapitres 10 à 12, prêtez attention à la notion de classe dans la société décrite par Voltaire, et aux qualités humaines importantes pour Candide, le baron et Cunégonde.

10
À Buenos Aires

Un jour enfin, on arrive à Buenos Aires°. Cunégonde, le capitaine Candide et la vieille vont voir le gouverneur, don Fernando d'Ibaraa, y Figueroa, y Mascarenes, y Lampourdos, y Souza. Ce seigneur est aussi fier° que son nom est long. Quand il parle aux hommes, il lève le nez

5 très haut et sa voix est si aiguë° que tous ceux qui le saluent ont envie de le battre. Mais il aime beaucoup les femmes et il leur parle plus gentiment. En voyant Cunégonde, il demande tout de suite si elle est la femme du capitaine Candide.

«Non, dit l'honnête Candide, Mademoiselle Cunégonde doit

10 m'épouser°, et je demande à Votre Excellence de célébrer notre mariage.»

Don Fernando d'Ibaraa, y Figueroa, y Mascarenes, y Lampourdos, y Souza, sourit et ordonne au capitaine Candide d'aller s'occuper de ses soldats. Puis il dit à Cunégonde qu'il l'aime et qu'il veut l'épouser

15 demain. Cunégonde demande un quart d'heure pour réfléchir, et elle demande conseil à la vieille.

«Mademoiselle, dit la vieille, vous êtes noble et sans argent. Tous vos malheurs vous donnent des droits°. Voici mon conseil: Épousez Monsieur le gouverneur et faites la fortune° de Monsieur le capitaine Candide.»

20 Pendant que la vieille parle avec expérience, un petit navire° entre au port avec un lieutenant de police et deux soldats. Que viennent-ils faire ici?

Buenos Aires capital of
    Argentina
fier proud

aigu piercing
épouser to marry
droit right

faites la fortune assure the
    successful career
navire ship

Voilà: Le voleur° des bijoux de Cunégonde s'est fait attrapé. Il a avoué° à qui il a volé les bijoux, et on a envoyé un navire courir après nos amis.

Bientôt tout le monde le sait: le lieutenant de police est à la poursuite des assassins de Monsieur l'inquisiteur. 5

La vieille dit à Cunégonde:

«Ne vous sauvez pas°, ce n'est pas vous qui avez tué monseigneur. Et d'ailleurs, le gouverneur vous aime, il va vous défendre.»

Ensuite la vieille court voir Candide:

«Sauvez-vous! ou, dans une heure, vous allez être brûlé!» 10

Hélas! quitter Cunégonde encore une fois! Et où aller?

Suivons l'intrigue.

Répondez aux questions suivantes en faisant des phrases complètes.

1. Comment s'appelle le gouverneur?
2. Pourquoi son nom est-il aussi long?
3. Quel conseil donne la vieille à Cunégonde et pourquoi?
4. Que se passe-t-il à la fin du chapitre?
5. Imaginez une autre fin.

---

voleur thief
avouer to confess

ne vous sauvez pas don't flee

11

Une Réunion inattendue

Un des valets de Candide s'appelle Cacambo. Il aime beaucoup son maître. Il prépare vite les chevaux et dit à Candide:

«Allons, mon maître, suivons les conseils de la vieille: partons, et courons sans regarder derrière nous.

5 —Ô ma chère Cunégonde, pleure Candide, faut-il vous quitter juste avant notre mariage?

—Les femmes se débrouillent° toujours, venez!

—Où allons-nous?

—Eh bien, vous êtes venu pour faire la guerre contre les jésuites, 10 allons la faire pour eux. Je connais le chemin. Quand on ne trouve pas son bonheur dans un monde on le trouve dans un autre. C'est un très grand plaisir de voir et de faire des choses nouvelles.

—Tu connais donc le pays? demande Candide.

—Oh oui! Je suis un ancien élève des jésuites et je connais leur 15 gouvernement aussi bien que les rues de Cadix. D'ailleurs, c'est un gouvernement admirable: les jésuites ont tout, le peuple rien. C'est le chef-d'œuvre° de la raison, de la justice. J'aime beaucoup les jésuites: en Europe, ce sont les meilleurs amis des rois d'Espagne et du Portugal. Ici, ils leur font la guerre. Là-bas, ils guident les Espagnols vers le ciel°; 20 ici, ils les envoient° au ciel en les tuant. Les pères° vont être très contents d'apprendre que vous êtes capitaine et que vous connaissez l'exercice° bulgare.»

Ils arrivent à la frontière° et Cacambo dit qu'un capitaine veut parler à monseigneur le commandant des jésuites. Entourés° de soldats, les 25 deux hommes sont emmenés vers le commandant. Mais un sergent leur dit que le commandant ne parle jamais à un Espagnol le matin. Il

---

se débrouiller to manage   **envoyer** to send   **frontière** border
chef-d'œuvre masterpiece   **pères** priests   **entouré** surrounded
ciel heaven   **exercice** military training

faut attendre. «Dans trois heures vous allez pouvoir embrasser ses chaussures.

—Mais, dit Cacambo, Monsieur le capitaine n'est pas Espagnol. Il est Allemand, et il meurt de faim°, comme moi. Pouvons-nous déjeuner en attendant Sa Révérence, le commandant?» 5

Quand le commandant apprend que Candide est Allemand, il l'invite aussitôt° à déjeuner. En se mettant à table, il demande à Candide:

«Vous êtes donc Allemand?

—Oui, mon révérend père, répond Candide en regardant le commandant avec intérêt. 10

—Et de quel pays d'Allemagne êtes-vous? dit le jésuite.

—De Westphalie. Je suis né dans le château de Thunder-ten-tronckh.

—O ciel! est-il possible! s'écrie le commandant.

—Quel miracle! s'écrie Candide.

—Est-ce vous? demande le commandant. 15

—Cela n'est pas possible!» dit Candide. Et ils s'embrassent.

«Quoi! dit Candide, c'est vous mon révérend père? Vous, le frère de la belle Cunégonde? Mais les Bulgares vous ont tué! Vous, le fils de Monsieur le baron! Vous, jésuite au Paraguay! J'avoue° que ce monde est une chose étrange.» 20

Le commandant embrasse Candide, il remercie Dieu et saint Ignace°, et il pleure de joie.

«Vous allez être encore plus étonné, dit Candide. Votre sœur Cunégonde que vous croyez morte est vivante, en bonne santé°.

—Où? 25

---

mourir de faim to die of hunger
aussitôt immediately
avouer to admit

saint Ignace (de Loyola) founder of the Jesuit order

vivante, en bonne santé alive and well

—Chez le gouverneur de Buenos Aires. Et je suis venu pour vous faire la guerre!»

Comme ils sont Allemands tous les deux, ils restent longtemps à table et le commandant a le temps de raconter son histoire.

———◆◆———

Recherchons le vocabulaire.

Complétez les phrases avec une des expressions suivantes:

monseigneur - l'exercice - ciel - avoue - joie - se débrouillent - faim - vivante - le chef-d'œuvre - embrasser

1. Les femmes _____ toujours.
2. Vous connaissez _____ bulgare.
3. Ils les envoient au _____ en les tuant.
4. Un capitaine veut parler à _____ le commandant des jésuites.
5. C'est _____ de la raison de la justice.
6. Je/J' _____ que ce monde est étrange.
7. Dans trois heures, vous allez pouvoir _____ ses chaussures.
8. Il meurt de _____, comme moi.
9. Il remercie Dieu et il pleure de _____.
10. Cunégonde que vous croyez morte est _____.

12

La Réunion finit mal

«L'attaque des Bulgares a été terrible. Quand ils quittent le château, tout le monde est mort. On veut nous enterrer° dans une chapelle près du château. Un jésuite nous arrose d'eau bénite°. J'en reçois quelques gouttes° dans les yeux et le père remarque que ma paupière° bouge°. Il sent mon cœur battre. On me soigne et, après trois semaines, je suis complètement guéri. 5

Les pères se sont beaucoup occupés de moi et c'est ainsi que je suis devenu jésuite. Je suis aujourd'hui colonel et prêtre. Et les troupes du roi d'Espagne vont être excommuniées et battues.»

En parlant, le fils de monsieur le baron embrasse encore Candide. Il 10 est très content de le revoir. Il l'appelle son frère et son ami.

«Ah! dit-il, nous pourrons peut-être entrer ensemble dans Buenos Aires et libérer ma sœur.

—C'est tout ce que je souhaite°, dit Candide, car je veux l'épouser.

—Vous, insolent! dit le baron, vous voulez épouser ma sœur qui est de 15 famille noble depuis des générations! Vous avez perdu la tête!

—Mon révérend père, dit Candide, étonné de ce discours°, toute la noblesse du monde ne peut rien changer. J'ai sauvé votre sœur d'un juif et d'un inquisiteur, elle a de la reconnaissance° et elle m'aime: elle veut m'épouser. Maître Pangloss m'a toujours dit que les hommes sont 20 égaux°. Soyez certain que je vais l'épouser.

—C'est ce que nous allons voir, coquin! dit le jésuite baron de Thunder-ten-tronckh, et il donne un coup du plat de son épée° sur la tête de Candide. Celui-ci sort son épée et l'enfonce complètement dans° le ventre° du baron jésuite. Puis il se met à pleurer: 25

---

enterrer to bury	**souhaiter** to desire	**du plat de son épée** with
nous arrose d'eau bénite	**ce discours** those words	the flat (side) of his
sprinkles us with holy	**avoir de la reconnaissance**	sword
water	to be grateful	**enfoncer dans** to plunge
goutte drop	**égal** equal	into
paupière eyelid		**ventre** abdomen
bouger to move		

«Hélas! mon Dieu, j'ai tué mon ancien maître, mon ami, mon beau-frère°. Je suis le meilleur homme du monde et voilà déjà trois hommes que j'ai tués. Et dans ces trois, il y a deux prêtres.»

Candide appelle Cacambo et lui dit:

5 «On va bientôt venir. Il faut nous battre et mourir, les armes° à la main.

—Mais non, mon maître, dit Cacambo qui n'a pas envie de mourir. Mettez les habits° du mort. Bien. Maintenant, à cheval!...» Et Cacambo galope déjà en criant en espagnol: «Place! place pour le révérend père colonel!»

———————◆◆◆———————

Suivons l'intrigue.

Les déclarations suivantes sont-elles **vraies ou fausses**? Corrigez celles qui sont fausses.

1. V F Les troupes du roi d'Espagne vont être excommuniées et battues.
2. V F Maître Pangloss n'a jamais dit que les hommes sont égaux.
3. V F Candide a tué le baron jésuite avec son épée.
4. V F Le baron ne veut pas que Candide épouse Cunégonde.
5. V F Après trois mois, Candide est complètement guéri.
6. V F Les pères se sont beaucoup occupés de Candide.
7. V F À la fin du chapitre, Candide et Cacambo s'enfuient à cheval.
8. V F Candide a sauvé Cunégonde de l'inquisiteur.
9. V F Un jésuite arrose les morts avec du vin béni.
10. V F Candide a tué trois prêtres.

Travail de réflexion.

Dans votre lecture des trois chapitres précédents, un portrait de la notion de noblesse s'est dégagé. Est-ce que Candide fait partie de la noblesse? Est-ce que c'est un problème? Quelles sont les opinions de Candide, de Cunégonde, de la vieille et du baron sur le rôle de la noblesse dans leur société? Quelle est l'importance de l'amour et du courage dans cette société?

---

beau-frère step-brother   **arme** weapon   **habits** clothing

Lançons-nous dans la lecture...

Un optimisme renouvelé. Les aventures de Candide au pays des Oreillons, à l'Eldorado et au Surinam ont quel effet sur notre «héros»? Est-il toujours optimiste? Au fil de votre lecture des chapitres 13 à 16, notez les expressions et idées qui peuvent être associées au «meilleur des mondes» et celles qui le contredisent.

13

Une Réception bizarre

Candide et son valet se sauvent dans la forêt vierge°. Quand ils sont assez loin du pays des jésuites, ils s'arrêtent et Cacambo dit:

«Mangeons.

—Comment veux-tu que je mange? demande Candide, comment veux-tu que je mange du jambon° quand j'ai tué le fils de Monsieur le baron, et que je suis condamné à ne jamais revoir Cunégonde?» 5

Et, en disant cela, Candide mord dans° la nourriture que Cacambo a eu la sagesse° d'emporter°. Après le repas, ils se cachent au milieu des branches et des feuilles°, et dorment.

Quand ils se réveillent, ils sont entourés d'Oreillons. Les Oreillons° forment la tribu la plus sauvage du pays. Certains font bouillir une grande marmite°, d'autres préparent des broches° et tous crient: «C'est un jésuite, c'est un jésuite! nous allons être vengés et nous allons faire un bon repas: mangeons du jésuite, mangeons du jésuite!» 10

Candide voit la marmite et dit: 15

«Nous allons être rôtis ou bouillis. Ah! que dites-vous de cela Monsieur Pangloss? Tout est bien, soit, mais il est bien cruel d'avoir perdu Mademoiselle Cunégonde et d'être mangé par les Oreillons.

—Ne vous désespérez pas, dit Cacambo: je parle un peu leur langue, je vais leur parler. 20

forêt vierge virgin forest	**emporter** to carry away	**font bouillir une grande**
jambon ham	**feuille** leaf	**marmite** put a big pot
mordre dans to bite into	**Oreillons** "Mumps"	on to boil
sagesse wisdom		**broche** spit for meat

—N'oubliez pas, dit Candide, de leur montrer que c'est très mal de cuire des hommes.

—N'oubliez pas, dit Candide, de leur montrer que c'est très mal de cuire des hommes, et très peu chrétien.

—Messieurs, dit Cacambo, vous voulez manger un jésuite aujourd'hui? Bravo! C'est ainsi que l'on doit traiter ses ennemis. En Europe, nous ne faisons pas ainsi car nous avons assez à manger. Vous avez raison de ne rien laisser perdre°. Mais vous allez faire une erreur: Monsieur que vous voyez est mon maître et, loin d'être jésuite, il vient d'en tuer un et il porte la robe de sa victime. Vérifiez, allez demander à la frontière du pays des pères si mon maître n'a pas tué un officier jésuite.» 10

Les Oreillons trouvent ce discours très raisonnable. Ils envoient deux hommes pour vérifier la vérité des paroles° de Cacambo. Quand les envoyés reviennent, on devient très gentil avec les prisonniers, on leur offre un repas et on les accompagne en criant: «Il n'est pas jésuite! il n'est pas jésuite! 15

—Quel peuple! quels hommes! dit Candide. Après tout, la nature est bonne puisque ces gens, au lieu de me manger, ont été très gentils avec moi dès qu'ils ont appris que je ne suis pas jésuite.»

———————◆◆———————

Recherchons le vocabulaire.

Associez les expressions de la colonne **A** avec un adjectif de la colonne **B**.

A	**B**
1. La tribu	**a.** bon(ne)
2. Cuire des hommes	**b.** cruel(le)
3. Le discours	**c.** sauvage
4. La nature	**d.** peu chrétien(ne)
5. Avoir perdu Cunégonde	**e.** raisonnable

---

cuire to cook

de ne rien laisser perdre
not to waste anything

parole word
dès que as soon as

14

Le Pays d'or

Arrivés à la frontière du pays des Oreillons, Cacambo dit:

«Vous voyez que ce côté de la planète n'est pas meilleur que l'autre. Retournons en Europe le plus vite possible.

—Comment y retourner? did Candide. Et oû aller? Dans mon pays les
5 Bulgares et les Abares égorgent° tout; au Portugal, on va me brûler: dans ce pays, nous allons être mis à la broche.... Mais je ne peux pas quitter le pays que Mademoiselle Cunégonde habite.

—Allons vers Cayenne°, dit Cacambo, nous y trouverons des Français qui vont partout dans le monde. Ils pourront nous aider.»

10 Il est difficile de trouver le chemin dans la forêt. Il y a des montagnes, des fleuves°, des sauvages, etc.... Après un mois, leurs chevaux sont morts de fatigue, et ils ne mangent que des fruits sauvages. Ils sont épuisés°. Un jour, ils trouvent sur une rivière un canot°. Cacambo dit:

«Nous n'en pouvons plus, nous avons assez marché; emplissons° ce
15 canot de noix de coco et laissons-nous aller au courant. Une rivière va toujours vers un endroit habité.

—Allons,» dit Candide.

Ils partent. La rivière va de plus en plus vite. Elle entre dans une énorme grotte°. Au bout de vingt-quatre heures, Candide et Cacambo
20 revoient le jour°, mais le canot se casse° sur des rocs. Ils arrivent sur le bord de la rivière et regardent autour d'eux.

Le pays est bien cultivé et très beau. Sur des routes bien droites, de belles voitures passent très vite, tirées par de gros moutons° rouges.

«Voilà un pays qui vaut mieux° que la Westphalie,» dit Candide.

égorger to slaughter	**canot** small boat	**mouton** sheep
Cayenne capital of French	**emplir** to fill	**valoir mieux** to be worth
Guiana	**grotte** cave	more
fleuve river	**le jour** daylight	
épuisé exhausted	**se casser** to break up	

Sur des routes bien droites, de belles voitures passent très vite, tirées par de gros moutons rouges.

Ils marchent un peu et rencontrent un village. Quelques enfants, habillés d'habits d'or° tout déchirés°, jouent avec des cailloux° qui sont des diamants, des rubis et des morceaux d'or.

«Sans doute, dit Cacambo, ces enfants sont les fils du roi.»

5   Quand les enfants cessent de jouer, ils jettent les précieuses pierres et s'en vont.

«Voilà une bonne éducation pour des fils de roi! s'écrie Candide, on leur apprend à mépriser° l'or et les pierreries°.»

Cacambo ne dit rien mais ramasse quelques gros morceaux d'or et
10   quelques diamants. Au village, ils vont à l'auberge. On les reçoit très bien et très poliment. Le repas est excellent. Pour payer, Cacambo donne deux cailloux d'or. Tout le monde dans l'auberge éclate de rire°. Quand l'hôte peut s'arrêter, il dit:

«Messieurs, nous voyons bien que vous êtes des étrangers. Mais ici on
15   ne paie pas avec des cailloux! Vous n'avez pas d'argent du pays et ça ne fait rien. Les restaurants et les hôtels sont payés par le gouvernement puisqu'ils aident au commerce. C'est ici un petit village et vous n'avez pas fait un très bon repas. Mais ailleurs vous serez reçus comme vous devez l'être.

20   —Quel est ce pays inconnu°? dit Cacambo étonné.

—Je crois que c'est le pays où tout va bien, dit Candide. Il doit en exister un sur cette terre et, malgré les propos° de maître Pangloss, je me suis souvent aperçu° que tout va mal en Allemagne.»

—◆◆—

---

or gold	**pierrerie** precious stones	**propos** opinions
déchiré torn	**éclater de rire** to burst out	**s'apercevoir** to be aware of
caillou pebble	laughing	
mépriser to despise	**inconnu** strange	

Suivons l'intrigue.

Répondez aux questions en faisant des phrases complètes.

1. Dans quelle ville Cacambo propose à Candide d'aller?
2. Pourquoi choisit-il cette ville?
3. Est-ce que Candide est content d'y aller? Pour quelle raison?
4. Comment se passe leur voyage?
5. Le pays où ils arrivent est surprenant, n'est-ce pas? Décrivez-le.
6. Quelle est la différence entre l'Allemagne et le nouveau pays, d'après Candide?

15

Enfin un pays où tout va bien

Comme Candide et Cacambo posent beaucoup de questions, on les emmène chez un vieillard qui sait beaucoup de choses.

La maison du vieil homme est très simple et de bon goût: la porte est en or, l'entrée est décorée de rubis et de diamants et les murs sont
5 recouverts d'or. Mais l'ordre et la propreté° font oublier l'extrême simplicité de cette maison de village.

En buvant° des liqueurs dans des verres° en diamants, le vieillard répond aux deux étrangers:

«Ce royaume° est l'ancienne patrie° des Incas. Ceux qui l'ont quitté
10 ont été massacrés par les Espagnols, comme vous savez. Pour nous, il est interdit° de sortir de ce royaume, et nous obéissons volontiers° à cette loi. Nous sommes protégés° par des montagnes immenses et des précipices profonds. Ici, tout le monde est heureux. Les Espagnols appellent ce pays El Dorado.»

15 Les trois parlent encore longtemps, et de tout. Enfin Candide demande quelle sorte de religion ont les habitants.

«Nous adorons Dieu et le remercions toute la journée, dit le vieillard.

—Et vos prêtres°, comment sont-ils? demande Candide.

—Nous n'en avons pas.

20 —Quoi! vous n'avez pas de moines° qui enseignent, qui disputent°, qui gouvernent, qui complotent° et qui brûlent les gens qui ne sont pas de leur avis?

—Nous ne sommes pas fous°,» répond le vieillard en souriant.

Quand la conversation prend fin, Candide dit:

---

propreté cleanliness
boire to drink
verres glasses
royaume kingdom
ancienne patrie former
  homeland

interdit forbidden
obéir volontiers to obey
  willingly
protégé protected
prêtre priest

moine monk
disputer to quarrel
comploter to plot
fou foolish, mad

«Une chose est certaine, on apprend beaucoup en voyageant.»

Le vieillard leur offre une voiture° et douze serviteurs pour les conduire à la cour° où le roi va les recevoir. Le voyage dure° quatre heures. Ce qu'ils voient de la capitale est impossible à décrire. Candide est enthousiasmé par ses conversations avec le roi. Le luxe, 5 le calme, l'intelligence, l'esprit° scientifique, le goût du beau°, la tolérance, la bonté°, et d'autres qualités qui n'ont même pas de nom dans notre langue, sont les bases de la vie dans ce pays.

Mais après un mois dans ce paradis, Candide veut partir. Il veut revoir Cunégonde. Il dit à Cacambo: 10

«Retournons en Europe. Avec seulement douze moutons chargés° des cailloux du pays, nous serons plus riches que tous les rois ensemble, et nous ne craindrons° personne.

—D'accord°, partons!» dit Cacambo.

Quand le roi apprend qu'ils veulent partir, il leur dit: 15

«Vous avez tort°. Je sais que mon pays n'est pas grand-chose, mais quand on est assez bien quelque part°, il faut y rester.»

Mais le roi ne peut pas comprendre: il n'est pas amoureux de Mademoiselle Cunégonde. Pourtant, il veut aider Candide et Cacambo. Il fait construire une machine pour emmener les deux 20 voyageurs au-dessus des montagnes, et il leur donne beaucoup de moutons rouges pour les porter, pour porter des provisions et, surtout, pour porter de l'or, des diamants et des pierres précieuses. C'est ainsi que Candide et Cacambo quittent le pays d'El Dorado.

———◆———

voiture carriage	**goût du beau** taste for	**d'accord** O.K.
cour court	beauty	**avoir tort** to be wrong
durer to last	**bonté** goodness	**être bien quelque part** to
esprit mind	**chargé** loaded	be happy somewhere
	craindre to fear	

Suivons l'intrigue.

Les déclarations suivantes sont-elles **vraies ou fausses**? Corrigez
celles qui sont fausses.

1. V F La maison du vieil homme est décorée de rubis et d'or
      mais elle est simple.
2. V F Ce royaume est l'ancienne patrie des Mayas.
3. V F Il n'est pas interdit de sortir du royaume.
4. V F Ici, tout le monde est heureux.
5. V F Il n'y a pas de prêtres et les gens n'adorent pas Dieu.
6. V F Dans ce pays, on trouve l'intelligence, la tolérance et
      le goût du beau.
7. V F Candide préfère la richesse du pays plutôt que l'amour
      et il veut rester.
8. V F Candide et Cacambo quittent l'El Dorado sur des
      chevaux magiques.

16

Il faut renoncer à l'optimisme

Le voyage commence bien, mais après trois mois, dans la forêt, le désert et la montagne, ils ont perdu tous leurs moutons sauf° deux. Avec ces deux-là, ils sont encore plus riches que le roi d'Espagne.

Ils arrivent enfin à Surinam, ville de Guyane hollandaise. À l'entrée de la ville, ils rencontrent un esclave° noir qui a la main droite et la 5 jambe gauche coupées. Il leur explique:

«Quand nous travaillons aux sucreries°, et que la meule° nous attrape le doigt, on nous coupe la main; quand nous voulons nous enfuir°, on nous coupe la jambe; c'est la coutume: je me suis trouvé dans les deux cas. C'est à ce prix que vous mangez du sucre en Europe. 10

—Ô Pangloss! s'écrie Candide, tu n'as pas deviné° cette abomination. Il faut enfin que je renonce à° ton optimisme.

—Qu'est-ce que l'optimisme? demande Cacambo.

—Hélas! dit Candide, c'est l'habitude de soutenir° que tout est bien quand tout est mal.» 15

Dans la ville, ils cherchent un bateau qui peut les emmener à Buenos Aires. Ils trouvent un capitaine espagnol qui semble assez honnête. Marché conclu°. Mais quand Candide lui explique pourquoi ils veulent partir, le capitaine change d'avis°:

«Il n'est plus question de vous emmener à Buenos Aires. Je ne veux pas 20 être pendu: la belle Cunégonde est la maîtresse favorite du gouverneur.»

En apprenant cela, Candide pleure longtemps. Puis il décide un plan. Il va envoyer Cacambo à Buenos Aires, car il n'est pas recherché par la police. Sa mission: racheter° Mademoiselle Cunégonde à n'importe-quel prix°. Rendez-vous à Venise, le premier qui arrive 25 attend l'autre. Cacambo part immédiatement.

---

sauf except	**deviner** to guess or suspect	**change d'avis** to change
esclave slave	**renoncer à** to give up	one's mind
sucrerie sugar refinery	**soutenir** to affirm	**racheter** to buy back
meule mill	**Marché conclu.** Terms	**à n'importe quel prix** no
s'enfuir to run away	were settled upon.	matter what the price

Seul, Candide cherche un bateau pour aller à Venise. Il rencontre enfin monsieur Vanderdendur, propriétaire° de sucreries et d'un gros navire.

«Combien voulez-vous, demande Candide, pour m'emmener tout droit à° Venise, avec tous mes bagages et mes deux moutons?

5 —Dix mille piastres, dit Vanderdendur.

—D'accord,» dit Candide.

«Oh! oh! pense Monsieur Vanderdendur, cet étranger donne dix mille piastres d'un coup! Il doit être bien riche.» Alors il dit:

«J'ai mal compté°, c'est vingt mille piastres pour le voyage.

10 —D'accord, dit Candide.

—Je veux dire trente mille!

—D'accord,» dit Candide.

«Oh! oh! pense encore le marchand, cet homme doit être vraiment riche. Sans doute les deux moutons portent des trésors immenses....»

15 Monsieur Vanderdendur se fait payer d'avance. Il embarque les moutons et s'en va°, en laissant Candide sur le quai°. Et Candide n'est pas content, car en voyant disparaître le navire à l'horizon, c'est une immense fortune qu'il perd.

Désespéré, Candide prend une cabine sur un bateau français qui va à
20 Bordeaux. Le voyage va être long et, pour passer le temps et oublier ses mésaventures, Candide cherche un compagnon de voyage. Dans une annonce°, il dit qu'il va payer le voyage, la nourriture et les dépenses° de ce compagnon, mais il a une condition: cet homme doit être le plus malheureux° du pays.

25 Le lendemain, c'est une foule d'hommes «les plus malheureux du pays» qui viennent voir Candide. C'est très difficile de choisir, mais Candide se décide finalement pour un vieux savant°. Celui-ci n'est pas plus malheureux que tous les autres, mais il doit être plus intéressant.

---

propriétaire owner	**s'en aller** to leave	**dépense** expense
tout droit à straight to	**quai** pier	**malheureux** unfortunate
mal compter to miscount	**annonce** advertisement	**savant** learned man, scholar

Suivons l'intrigue.

L'itinéraire de Candide. Mettez les villes mentionnées dans le chapitre dans l'ordre chronologique. Puis, cherchez dans un atlas géographique où elles se trouvent. Où est-ce que Candide et Cacambo vont finalement?

1. Venise
2. Bordeaux
3. Surinam
4. Buenos Aires

Travail de réflexion.

Après toutes ces aventures et mésaventures, Candide est-il toujours aussi optimiste? Pourquoi? Quelle est la nouvelle définition de l'optimisme que donne Candide? Que pensez-vous de cette définition?

Lançons-nous dans la lecture...

Le pessimisme. Candide va rencontrer un pessimiste. Imaginez ce qui pourrait arriver à ce personnage. Croyez-vous que Martin va influencer Candide ou inversement? Remarquez l'interaction des personnages.

Les stéréotypes. Les protagonistes voyagent dans plusieurs pays au cours des cinq prochains chapitres, ils vont en France, en Angleterre et en Italie. Que savez-vous des habitants de ces pays? Comment sont-ils décrits dans *Candide?*

17

Martin le pessimiste

Le vieux savant s'appelle Martin. Comme Candide, il a beaucoup voyagé et beaucoup souffert°.

Candide a un avantage sur Martin: il espère revoir Mademoiselle Cunégonde; Martin n'espère plus rien. Leurs conversations
5   philosophiques et religieuses durent très longtemps. Candide explique le système de Pangloss.

«Que pensez-vous de cela, Monsieur Martin, quelles sont vos idées?

—Monsieur, répond Martin, je suis manichéen°.

—Vous vous moquez de° moi, dit Candide, il n'y a plus de manichéens
10   dans le monde.

—I'l y a moi, dit Martin. Je vous avoue que, regardant ce monde, je pense que Dieu l'a abandonné à un être malfaisant°. (Je ne parle pas de l'El Dorado, évidemment.)

—Il y a pourtant du bon, insiste Candide.

15   —Peut-être, dit Martin, mais je ne le connais pas.»

---

souffrir to suffer

manichéen a person who believes that the world is governed by the equally powerful forces of good and evil

se moquer de to make fun of
malfaisant malevolent

C'est pendant cette conversation qu'on entend un coup de canon. Tout le monde vient voir ce qui se passe. Là-bas, à trois milles°, deux bateaux se battent. On s'approche assez pour assister au combat. Après quelques minutes, un bateau coule°. Candide et Martin voient une centaine d'hommes qui coulent avec le bateau. 5

«Eh bien, dit Martin, voilà comment les hommes se traitent les uns les autres.»

Mais Candide aperçoit quelque chose de rouge qui nage vers le bateau. C'est un de ses moutons! Le bateau qui vient de couler est celui de Monsieur Vanderdendur. 10

«Vous voyez, dit Candide, le crime est parfois puni.

—Oui, dit Martin, Dieu a puni le voleur, et le diable° a noyé les autres.»

Cette discussion va durer tout le voyage. Parfois, en caressant son mouton rouge, Candide dit:

«Puisque je t'ai retrouvé, je pourrai bien retrouver Cunégonde.» 15

Recherchons le vocabulaire.

Choisir parmi les mots en italique celui qui correspond au texte.

1. Il a beaucoup voyagé et beaucoup *souffert/mangé/rêvé*
2. Candide a un *ami en/avantage sur/ennemi en* Martin.
3. Martin *n'espère/ne veut/ne dit* plus rien.
4. Martin est s*eul au monde/heureux/manichéen*.
5. Je pense que Dieu a abandonné le monde à un être *manichéen/bienfaisant/malfaisant*.
6. Les gens s'approchent pour assister *au combat/à la guerre/au feu d'artifice*.
7. Le crime est parfois *récompensé/puni/coulé*.
8. Dieu a puni le voleur, et *le philosophe/la nature/le diable* a noyé les autres.

---

mille mile   **coule** sinks   **diable** devil

18

Réflections de Martin sur la France

En arrivant près des côtes de France, Candide demande à Martin:

«Êtes-vous déjà venu en France?

—Oui, dit Martin. J'ai parcouru° plusieurs provinces. Dans quelques-
unes, la moitié des habitants sont fous, dans d'autres, on est trop rusé°,
5 dans d'autres on est assez bête° et dans d'autres encore on se croit très
malin°.

—Mais, Monsieur Martin, avez-vous vu Paris?

—Oui, j'ai vu Paris. On y trouve réunies toutes les qualités des
provinces. À mon arrivée, on m'a volé°. Puis on m'a pris pour un
10 voleur et m'a jeté en prison. Après quoi, j'ai été obligé de travailler et
j'ai connu toute la canaille° du monde. On dit qu'il y a des gens très
polis dans cette ville-là: je veux le croire.

—Moi, je n'ai pas envie de voir la France, dit Candide. Après l'El
Dorado, on n'a envie de visiter aucun autre pays. Et je vais attendre
15 Mademoiselle Cunégonde à Venise. Voulez-vous venir avec moi?

—On dit que Venise est très bon pour les étrangers qui ont beaucoup
d'argent. Vous en avez. Je viens avec vous.

—À propos, dit Candide, pensez-vous qu'à l'origine la terre n'était
qu'une mer, comme le dit ce livre que je lis?

20 —Je ne le crois pas du tout, dit Martin.

—Mais à quelle fin ce monde a-t-il été formé?

—Pour nous faire enrager°, dit Martin.

—Pensez-vous que les hommes aient toujours été aussi méchants?

---

parcourir to travel through	**bête** stupid	**canaille** riffraff
rusé crafty	**malin** clever	**nous faire enrager** to drive us mad
	on m'a volé I was robbed	

—Croyez-vous que les éperviers° ont toujours mangé des pigeons? demande Martin.

—Oui, sans doute, dit Candide.

—Eh bien! pourquoi voulez-vous que les hommes changent si les éperviers ne changent pas?

5

—Oh! dit Candide, c'est différent, car le libre arbitre°....»

En parlant ainsi, ils arrivent à Bordeaux où le bateau s'arrête.

———⬖⬗⬖———

Suivons l'intrigue.

Répondez aux questions en faisant des phrases complètes.

1. Qu'est-ce que Martin pense de la France?
2. Comment trouve-t-il Paris?
3. Qu'est-ce que Candide souhaite?
4. À quelle fin ce monde a-t-il été formé, selon Martin?
5. Pourquoi Martin compare-t-il les hommes aux éperviers?

épervier hawk   **libre arbitre** free will

19

Le Monde parisien

À Bordeaux, Candide vend quelques pierres de l'El Dorado, et il loue°
une voiture à deux places. Il laisse son mouton à l'Académie des
sciences de la ville où un savant va démontrer par A, plus B, moins C,
divisé par Z, que le mouton est rouge parce qu'il doit être rouge.

5 Chaque fois que Candide et Martin s'arrêtent dans une auberge ou un
hôtel, tous les voyageurs disent: «Nous allons à Paris.» Cela donne
envie à° Candide d'y aller. D'ailleurs, c'est presque sur le chemin de
Venise, n'est-ce pas?

Arrivé à Paris, Candide tombe légèrement° malade, car le voyage l'a
10 fatigué. Comme on remarque à son doigt un énorme diamant, deux
médecins viennent tout de suite auprès de lui, sans être appelés et
beaucoup de nouveaux amis l'entourent de leurs soins°. Martin dit:

«Je me souviens d'avoir été malade aussi à Paris dans mon premier
voyage; j'étais pauvre: aussi je n'avais ni amis ni médecins, et j'ai
15 guéri.»

Malgré° les médecins, Candide guérit aussi. Un de ses nouveaux amis
est un petit abbé, un de ces gens qui guettent° les étrangers, leur
racontent l'histoire scandaleuse de la ville, et leur offrent des plaisirs
à tout prix. Souvent il emmène Candide et Martin au théâtre. On voit
20 là que Candide n'est pas Parisien car il aime tout ce que les autres
n'aiment pas! Il demande à l'abbé:

«Monsieur, combien avez-vous de pièces de théâtre° en France?

—Cinq ou six mille.

—C'est beaucoup, dit Candide. Et combien y en a-t-il de bonnes?

25 —Quinze ou seize.

—C'est beaucoup,» dit Martin.

---

louer to rent
donner envie à to make
  (someone) want to

légèrement slightly
soin attention
malgré in spite of

guetter to waylay
pièce de théâtre play

Candide apprend avec surprise et horreur que ces belles actrices que tout le monde aime et admire, n'ont pas le droit d'être enterrées au cimetière lorsqu'elles meurent.

«C'est bien impoli, dit-il.

—Que voulez-vous? dit Martin. C'est ainsi que les gens sont faits ici. Imaginez toutes les contradictions possibles, et vous les verrez dans le gouvernement, dans les tribunaux°, dans les églises° et dans les spectacles° de cette drôle de nation.

—Est-il vrai qu'on rit toujours à Paris? dit Candide.

—Oui, dit l'abbé; mais c'est en enrageant: car on se plaint de tout avec de grands éclats° de rire; on fait même en riant les actions les plus détestables.»

L'abbé emmène Candide et Martin dans une soirée bien parisienne. Candide perd cinquante mille francs aux cartes, deux bagues° en diamant aux mains de l'hôtesse et il fait une infidélité° à Cunégonde.

Après cette soirée, Candide a des remords°. Il parle beaucoup de Mademoiselle Cunégonde et raconte toute son histoire. Le petit abbé lui dit:

«Je crois que Mademoiselle Cunégonde a bien de l'esprit° et qu'elle écrit des lettres charmantes.

—Je n'en ai jamais reçu, dit Candide. Mais je lui ai envoyé une lettre dont j'attends la réponse.»

L'abbé écoute avec attention et semble un peu rêveur°.

Le lendemain matin Candide reçoit une lettre:

«Monsieur mon très cher amant, il y a huit jours que je suis à Paris, malade. J'apprends que vous y êtes. Cacambo et la vieille sont à Bordeaux, ils doivent venir bientôt. Je suis trop mal pour bouger°, venez vite.»

---

tribunal courtroom
église church
spectacle show
éclats bursts
bague ring

faire une infidélité to be
  unfaithful
avoir des remords to feel
  remorseful
esprit intelligence

rêveur dreamy
être trop mal pour bouger
  to be too sick to move

On s'imagine l'effet de cette lettre sur Candide! Il prend son or et ses diamants et se fait conduire avec Martin à l'hôtel où demeure° la belle Cunégonde.

Il entre, son cœur palpite, sa voix sanglote°. Il veut ouvrir les rideaux°
5   du lit, il veut faire apporter la lumière°.

«Surtout pas, dit la suivante°, la lumière la tue!

—Ma chère Cunégonde, dit Candide en pleurant, si vous ne pouvez pas me voir, parlez-moi.

—Elle ne peut pas parler,» dit la suivante.

10   Alors Candide prend une petite main charmante qu'il arrose longtemps de larmes° et qu'il emplit ensuite de diamants. Il met aussi un sac plein d'or sur le fauteuil°.

Puis arrive un policier, suivi de deux soldats et du petit abbé. Il arrête Candide et Martin et ordonne de les jeter en prison.

15   Martin comprend que tous ces gens ne sont qu'une bande° de voleurs. Il explique la situation à Candide. Celui-ci donne trois beaux diamants au policier.

«Trois diamants! dit le policier, Monsieur vous êtes le plus honnête homme du monde. Au lieu de la prison, je peux vous mener à Dieppe
20   d'où vous pourrez partir pour l'Angleterre.

—Mais je vais à Venise!

—Dieppe, c'est tout ce que je peux faire.»

C'est ainsi que Candide et Martin vont à Dieppe et prennent un bateau hollandais qui va à Portsmouth. Après tout, tous les chemins
25   vont à Venise!

———◆·◆·◆———

demeurer to reside	**suivante** maid	**fauteuil** armchair
sangloter to sob	**arroser... de larmes** to	**bande** gang
rideaux curtains	bathe with tears	
lumière light		

Trouvons les personnages.

À quel personnage de la colonne **A** correspond une ou plusieurs descriptions ou citations de la colonne **B**?

A
1. Candide
2. Martin
3. La suivante
4. Un savant
5. Un petit abbé
6. Cunégonde

B
a. Démontrer que le mouton est rouge parce qu'il doit être rouge.
b. Légèrement malade
c. La lumière la tue!
d. Il n'est pas Parisien car il aime tout ce que les autres n'aiment pas!
e. Imaginez toutes les contradictions possibles.
f. On se plaint de tout avec de grands éclats de rire.
g. Je suis trop mal pour bouger, venez vite.
h. J'étais pauvre, je n'avais ni amis, ni médecins, et j'ai guéri.

20

Portsmouth et les Anglais

«Ah! Pangloss! Pangloss! Ah! Martin! Martin! Ah! ma chère Cunégonde! Qu'est-ce que ce monde-ci? dit Candide sur le bateau hollandais.

—Quelque chose de bien fou et de bien abominable, répond Martin.

5 —Vous connaissez les Anglais. Sont-ils aussi fous que les Français? demande Candide.

—C'est une autre espèce de folie°, dit Martin. Je suis incapable de vous dire avec précision s'il y a plus de fous dans un pays ou dans l'autre. Mais je sais que les Anglais ont, en général, mauvais caractère°.

10 Ils arrivent à Portsmouth. Une foule de gens couvre le rivage° et regarde attentivement un gros homme qui est à genoux° à l'arrière d'un bateau. Il a les yeux bandés°. Quatre soldats lui tirent chacun trois balles dans la tête, et tout le monde s'en va, très satisfait.

—Que se passe-t-il ici? demande Candide. Quel est cet homme qu'on 15 vient de tuer° avec tant de cérémonie?

—C'est un amiral, lui répond-on.

—Et pourquoi tuer cet amiral?

—C'est parce qu'il n'a pas fait tuer assez de monde°; il a livré un combat à un amiral français, et on a trouvé qu'il n'était pas assez près 20 de lui°.

—Mais, dit Candide, l'amiral français était aussi loin de l'amiral anglais que celui-ci l'était du premier.

—C'est tout à fait exact, lui répond-on. Mais dans ce pays, il est bon de tuer un amiral de temps en temps pour encourager les autres.»

---

une autre espèce de folie another kind of madness
avoir un mauvais caractère to be bad-tempered

rivage bank
genoux knees
avoir les yeux bandés to be blind-folded
venir de tuer to have just killed

n'a pas fait tuer assez de monde did not have enough people killed
il n'était pas assez près de lui he wasn't close enough to him

Candide est si choqué qu'il ne veut même pas mettre le pied à terre. Il fait un marché° avec le patron du bateau pour être emmené directement à Venise.

Ils arrivent à Venise après un voyage long mais sans histoire. Candide dit à Martin:

«Dieu soit loué°! C'est ici que je vais revoir la belle Cunégonde. Je compte sur° Cacambo comme sur moi-même. Tout est bien, tout va bien, tout va pour le mieux.»

———◆——

Suivons l'intrigue.

Les déclarations suivantes sont-elles **vraies ou fausses**? Corrigez celles qui sont fausses.

1. V F Candide et Martin voyagent sur un bateau portugais.
2. V F Candide demande si les Anglais sont aussi fous que les Français.
3. V F Martin dit que les Anglais ont mauvais caractère.
4. V F Un homme est tué de 15 balles dans la tête.
5. V F L'homme tué était un commandant.
6. V F Il a été tué parce qu'il avait perdu la bataille.
7. V F Candide est très choqué.
8. V F Il va directement à Venise.

---

marché bargain, agreement   **loué** praised   **compter sur** to count on

21

À Venise

À Venise, Candide fait rechercher Cacambo partout. Dans les beaux endroits°, et dans les autres; dans les bons endroits, et dans les autres. Il envoie quelqu'un tous les jours sur le port pour chercher dans tous les bateaux, grands et petits: pas de traces de Cacambo.

5 «Quoi! dit Candide à Martin, j'ai eu le temps d'aller de Surinam à Bordeaux, de Bordeaux à Paris, de Paris à Dieppe, de Dieppe à Portsmouth, de traverser toute la Méditerranée et de passer quelques mois à Venise, et la belle Cunégonde n'est pas venue! Je suis sûr qu'elle est morte! Et moi, je n'ai plus qu'à mourir°. Que vous avez
10 raison, mon cher Martin, tout n'est qu'illusion et calamité.»

Et Candide est si triste qu'il ne participe même pas au carnaval où, pourtant, on s'amuse bien.

Martin lui dit:

«Vous êtes bien simple°, en vérité, de vous figurer qu'un valet qui a
15 cinq ou six millions dans ses poches va aller chercher votre maîtresse au bout du monde et va la ramener à Venise. Il la prendra pour lui, s'il la trouve. S'il ne la trouve pas, il en prendra une autre: je vous conseille d'oublier votre valet Cacambo et votre maîtresse Cunégonde.»

20 Martin n'est pas consolant, et Candide est toujours plus triste. Martin ne cesse° pas de lui prouver qu'il y a peu de vertu et peu de bonheur sur la terre; excepté dans l'El Dorado où personne ne peut aller.

«Mais regardez ces gondoliers, dit Candide, ne chantent-ils pas sans cesse?

25 —Vous ne les voyez pas dans leurs familles, avec leurs femmes et leurs enfants. Le doge° a ses chagrins, les gondoliers ont les leurs. Il est vrai que le sort° d'un gondolier est préférable à celui d'un doge, mais la différence est si faible° qu'il est inutile d'en parler.

---

endroit place
je n'ai plus qu'à mourir all
  I can do now is to die

simple naïve
cesser to stop
doge ruler of Venice

sort fate
faible small, minor

—On parle, dit Candide, du sénateur Pococuranté qui demeure dans ce beau palais, et qui reçoit bien les étrangers. On prétend° que c'est un homme qui n'a jamais eu de chagrin.

—Je voudrais voir une espèce si rare,» dit Martin.

Aussitôt, Candide demande au seigneur Pococuranté la permission de   5
venir le voir le lendemain.

<hr>

Recherchons le vocabulaire.

Compléter les phrases suivantes en ajoutant le mot correspondant selon le texte.

1. Candide fait rechercher Cacambo dans les _____ endroits et les _____ endroits.
2. Je suis sûr qu'elle est _____! Et moi, je n'ai plus qu'à _____.
3. Vous avez raison, mon cher Martin, tout n'est qu' _____ et calamité.
4. Martin ne _____ pas de lui prouver qu'il y a peu de _____ et de bonheur sur la terre.
5. Il est vrai que le _____ d'un gondolier est préférable à celui d'un _____.
6. On _____ que c'est un homme qui n'a jamais eu de chagrin.

Travail de réflexion.

Candide voyage avec Martin, un pessimiste. Qu'est-ce qui a changé depuis le chapitre 17? Candide est-il toujours optimiste? Donnez des exemples. Dans le chapitre 19, le narrateur indique que Candide guérit malgré les médecins. Est-ce en fait un commentaire pessimiste ou optimiste?

Les stéréotypes. Comment sont décrits les Français, les Parisiens, les Anglais et les Italiens dans les chapitres 18 à 21? Êtes-vous d'accord avec ces descriptions? Quel effet ont-elles sur le lecteur? Pouvez-vous deviner ce que pense Voltaire de ces stéréotypes?

<hr>

prétendre to claim

Lançons-nous dans la lecture...

Les nouveaux protagonistes. Les nouveaux personnages que Candide et Martin rencontrent contribuent-ils à l'optimisme de l'un ou au pessimisme de l'autre? Quelle influence exercent les nouveaux protagonistes? Notez les expressions et événements qui vous semblent importants au cours de votre lecture des derniers chapitres.

Le dénouement. Comment va se terminer l'histoire, d'après vous? Est-ce que Candide va épouser Cunégonde? Vont-ils retourner vivre dans l'El Dorado? Imaginez la fin.

22

Le Sénateur Pococuranté

Candide et Martin vont en gondole jusqu'au palais du noble Pococuranté. Quels beaux jardins! quel beau palais! Le noble Pococuranté reçoit très poliment les deux curieux.

D'abord, deux filles, jolies et bien habillées, servent du chocolat
5 chaud. Candide loue° leur beauté, leur grâce et leur adresse°.

«Ce sont d'assez gentilles filles, dit le sénateur Pococuranté, mais elles commencent à m'ennuyer°.»

Ensuite, ils passent dans une longue galerie. Candide aperçoit deux très beaux tableaux.

10 «De qui sont-ils? demande-t-il.

—Ils sont de Raphaël°, dit le sénateur. Je les ai achetés très cher, par vanité. On dit qu'ils sont les plus beaux d'Italie, mais ils ne me plaisent pas du tout. J'ai beaucoup de tableaux, mais je ne les regarde plus.

15 En attendant le dîner le noble Pococuranté écoute un concerto. Candide trouve la musique délicieuse.

---

louer to praise **ennuyer** to bore **Raphaël** (1483–1520)
adresse dexterity Italian painter

«Ce bruit, dit Pococuranté, peut amuser une demi-heure. Mais s'il dure plus longtemps, il fatigue tout le monde.»

Candide n'est pas d'accord, mais Martin est tout à fait de l'avis° du sénateur.

Après un excellent dîner, on entre dans la bibliothèque. Candide voit un livre d'Homère°. 5

«Voilà, dit-il, un livre qui a fait les délices° du grand Pangloss, le meilleur philosophe d'Allemagne.

—Il ne fait pas les miennes, dit froidement Pococuranté.

—Aimez-vous, Monsieur, lire Horace°? demande Candide. 10

—J'aime certaines choses dans ses œuvres, et d'autres me dégoûtent°. Les sots° aiment tout dans un auteur estimé. Je ne lis que pour moi.

—Oh! voici un Cicéron°, dit Candide; ce grand homme-là, je pense que vous ne vous lassez pas de° le lire.

—Je ne le lis jamais, répond Pococuranté. J'ai bien assez de procès° que 15 je juge. Et quand j'ai vu qu'il doute de tout, j'ai conclu que j'en sais autant que lui, et que je n'ai besoin de personne pour être ignorant.»

Martin voit beaucoup de livres anglais.

«Je crois, dit-il, qu'un républicain doit aimer des livres écrits si librement. 20

—Oui, répond Pococuranté, il est beau d'écrire ce que l'on pense. En Italie, on n'écrit que ce qu'on ne pense pas. Je serais content de la liberté des écrivains anglais si la passion et l'esprit de parti° ne corrompaient pas tout ce que cette précieuse liberté a d'estimable.»

Candide, apercevant un Milton°, lui demande s'il ne regarde pas cet 25 auteur comme un grand homme.

---

avis opinion
Homère Greek epic poet, appox. 900 b.c.
faire des délices to delight
dégoûter to disgust

Horace Latin poet, born 65 b.c.
sot fool
Cicéron celebrated Roman orator, born 106 b.c.
se lasser de to tire of

procès trial
esprit de parti blind party loyalty
Milton (1608–1674) English poet

«Qui? dit le noble seigneur, ce barbare qui fait un long commentaire sur la *Genèse*° en dix livres de vers grossiers°? Ce poète obscur, bizarre et dégoûtant a été méprisé° depuis sa naissance. Je pense qu'on a raison.

—Hélas! dit tout bas Candide à Martin, j'ai peur que cet homme
5 n'aime pas nos poètes allemands!

—Il n'y a pas de mal à cela, dit Martin.

—Oh! quel homme supérieur! dit encore Candide, quel grand génie que ce Pococuranté! rien ne peut lui plaire!»

Enfin, les deux curieux quittent le palais de Son Excellence.

10 «Eh bien! dit Candide, ne voilà-t-il pas le plus heureux des hommes? Car il est au-dessus de tout ce qu'il possède.

—Ne voyez-vous pas, dit Martin, qu'il est dégoûté de tout ce qu'il possède? Y a-t-il du plaisir à n'avoir pas de plaisir?

—Ainsi, dit Candide, il n'y aura pas d'homme plus heureux que moi,
15 quand je vais revoir Mademoiselle Cunégonde.

—C'est toujours bien d'espérer,» dit Martin.

Cependant les jours et les semaines passent. Cacambo ne revient pas et Candide est de plus en plus triste.

———◦◆◦———

Suivons l'intrigue.

Répondez aux questions suivantes par phrases complètes.

1. De qui sont les tableaux que le seigneur Pococuranté a acheté?
2. Aime-t-il ces tableaux? Pourquoi les a-t-il achetés?
3. Candide apprécie le concerto de musique. Qu'en pense Pococuranté?
4. Quels livres Pococuranté possède-t-il? Aime-t-il lire?
5. Que pense Candide de Pococuranté et pourquoi?

Genèse Genesis (first book of the Bible) **grossier** clumsy
méprisé scorned

23

Réunion avec Cacambo

Un soir, à l'heure du dîner, un homme s'approche de Candide par derrière et dit:

«Soyez prêt° à partir avec nous.»

Candide se retourne et voit Cacambo. Il est fou de joie. Il embrasse son ami. 5

«Cunégonde est ici, sans doute? dit-il. Où est-elle? Mène-moi vers elle!

—Cunégonde n'est pas ici, dit Cacambo, elle est à Constantinople.

—Ah ciel! à Constantinople! Mais même si elle est en Chine, j'y vole. Partons. 10

—Nous partirons après le souper, dit Cacambo. Je suis esclave, mon maître attend: je vais le servir à table: ne dites rien; soupez° et tenez-vous prêt.»

Candide, sans savoir exactement s'il doit être heureux ou triste, se met à table, avec Martin et six étrangers qui viennent passer le carnaval à 15 Venise.

À la fin du repas, Cacambo s'approche d'un des étrangers et lui dit:

«Sire, Votre Majesté° peut partir quand elle veut, le bateau est prêt.»

Les autres convives° se regardent sans rien dire, assez surpris. Un autre domestique° s'approche de son maître et lui dit: 20

«Sire, la voiture de Votre Majesté est à Padoue°, et le bateau est prêt.»

La surprise augmente. Un troisième domestique s'approche du troisième étranger et lui dit:

«Sire, croyez-moi, Votre Majesté ne doit pas rester ici plus longtemps: je vais tout préparer.» 25

Soyez prêt Be ready
souper to have supper

Majesté (always feminine)
convive fellow diner, guest

domestique servant
Padoue city west of Venice

Candide et Martin pensent qu'il s'agit d'une blague de carnaval°. Un quatrième domestique dit au quatrième maître:

«Votre Majesté peut partir quand elle veut.»

Le cinquième domestique dit la même chose au cinquième maître.
5 Mais le sixième domestique dit au sixième étranger:

«Sire, on ne veut plus faire crédit à Votre Majesté, ni à moi non plus. Et peut-être que nous allons passer la nuit en prison.»

Alors Candide dit aux six étrangers:

«Messieurs, voilà une étrange plaisanterie°. Pourquoi êtes-vous tous
10 rois? Je vous avoue que ni moi ni Martin ne le sommes.»

Le maître de Cacambo dit gravement:

«Je m'appelle Achmet III. J'ai été grand sultan plusieurs années. J'ai détrôné° mon frère; mon neveu m'a détrôné. Je suis venu passer le carnaval à Venise.»

15 Le jeune assis près d'Achmet dit:

«Je m'appelle Ivan, j'ai été empereur de toutes les Russies. On m'a détrôné tout enfant et j'étais élevé° en prison. Je suis venu passer le carnaval à Venise.»

Le troisième dit:

20 «Je suis Charles-Édouard, roi d'Angleterre. Je vais à Rome faire une visite à mon père, détrôné ainsi que° moi et mon grand-père; et je suis venu passer le carnaval à Venise.»

Le quatrième dit:

«Je suis roi des Polaques. J'ai perdu mon royaume à la guerre. Je me
25 résigne à la Providence, et je suis venu passer le carnaval à Venise.»

Le cinquième dit:

«Je suis aussi roi des Polaques. J'ai perdu mon royaume deux fois. Je me résigne aussi à la Providence, et je suis venu passer le carnaval à Venise.»

---

blague de carnaval carnival prank	**plaisanterie** joke **détrôner** to dethrone	**élever** to raise, educate **ainsi que** as well as

Le sixième dit:

«Messieurs, je ne suis pas si grand seigneur que vous, mais enfin je suis roi tout comme un autre. Je suis Théodore, roi de Corse°. On m'a appelé Monseigneur, on ne m'appelle plus Monsieur. J'ai fait des pièces de monnaie avec mon portrait dessus, et je n'ai plus d'argent. Je suis venu passer le carnaval à Venise; mais sans argent, je vais finir en prison.» 5

Chaque roi donne un peu d'argent au pauvre roi Théodore pour qu'il s'achète des chemises, et Candide lui donne un gros diamant.

Quand ils sortent de table, quatre autres ex-rois arrivent qui viennent 10 passer le carnaval à Venise. Mais Candide est trop occupé de trouver Cunégonde pour faire attention à eux.

—————◆◆◆—————

Trouvons les personnages.

Expliquez qui sont en vérité les six étrangers que chaque serviteur appelle Votre Majesté?

1.
2.
3.
4.
5.
6.

Corse Corsica

24

Deux Galériens

Cacambo s'est mis d'accord° avec le patron de la galère° turque; Candide et Martin peuvent venir avec eux. Ils partent bientôt, car le sultan Achmet retourne à Constantinople.

Sur le chemin du port, Candide dit à Martin:

5 «Nous avons soupé avec six rois détrônés; et il y a peut-être d'autres princes encore plus malheureux. Moi, je n'ai perdu que cent moutons et je vole° dans les bras de Cunégonde. Mon cher Martin, encore une fois, Pangloss avait raison, tout est bien.

—Je le souhaite,» dit Martin.

10 Arrivé à la galère, Candide saute au cou de Cacambo.

«Eh bien! lui dit-il, que fait Cunégonde? Est-elle toujours aussi belle? M'aime-t-elle toujours? Comment va-t-elle? Tu lui as sans doute acheté un palais à Constantinople?

—Mon cher maître, répond Cacambo, Cunégonde lave la vaisselle° 15 chez un pauvre prince exilé. Elle est esclave chez Ragotski, un ancien° souverain à qui le Grand Turc donne une toute petite pension. Mais ce qui est le plus triste, c'est qu'elle a perdu sa beauté, et qu'elle est devenue horriblement laide°.

—Ah! dit Candide, belle ou laide, je suis honnête homme, et mon 20 devoir° est de l'aimer toujours. Mais comment peut-elle être esclave avec les cinq ou six millions que tu as emportés?

—Bon, dit Cacambo, j'ai donné deux millions à don Fernando d'Ibaraa, y Figueora, y Mascarenes y Lampourdos, y Souza, gouverneur de Buenos Aires, pour reprendre Mademoiselle Cunégonde. Un pirate 25 nous a pris tout le reste, puis il nous a vendus, Cunégonde et la vieille à ce prince Ragotski, et moi au Sultan Achmet.

---

se mettre d'accord to strike an agreement
galère galley ship

voler to fly
laver la vaisselle to wash dishes

ancien former
laid ugly
devoir duty

—Ce n'est rien, dit Candide, j'ai encore quelques diamants. Je vais vous racheter tous. C'est bien dommage que Cunégonde soit vilaine°.»

Candide commence par racheter Cacambo. En route vers Cunégonde, il remarque° deux galériens° qui rament° très mal et reçoivent beaucoup de coups de fouets°. Ils ressemblent à ce cher Pangloss et à 5 ce pauvre baron, le jésuite, le frère de Cunégonde.

«En vérité, dit-il à Cacambo, ces deux galériens ressemblent beaucoup à Pangloss et au baron. Mais je sais qu'ils sont morts.»

En entendant ces paroles, les deux galériens poussent un grand cri° et laissent tomber leurs rames°. Le patron de la galère court sur eux pour 10 les fouetter°, mais Candide crie:

«Arrêtez! arrêtez! seigneur. Je vous donne autant d'argent que vous voulez.

—Quoi! c'est Candide! dit un galérien.

—Quoi! c'est Candide! dit l'autre. 15

—Est-ce que je rêve? dit Candide. Est-ce là monsieur le baron que j'ai tué? Est-ce là maître Pangloss que j'ai vu pendu?

—C'est nous-mêmes! c'est nous-mêmes!

—Quoi! c'est là ce grand philosophe?» dit Martin.

Candide rachète très cher° Pangloss et le baron. Puis il dit: 20

«Je ne vous ai pas tué, mon cher baron? Et vous, mon cher Pangloss, comment êtes-vous en vie° après avoir été pendu?

—Non, dit le baron, on m'a bien soigné. Mais est-ce vrai que ma sœur est en Turquie?

—Rien n'est plus vrai, dit Cacambo, puisqu'elle lave la vaisselle chez 25 un prince en exil.»

---

vilain ugly	**coup de fouet** whip lash	**fouetter** to whip
remarquer to notice	**pousser un cri** to let out a	**racheter très cher** to ran-
galérien galley slave	cry	som at a high price
ramer to row	**rame** oar	**être en vie** to be alive

Recherchons le vocabulaire.

Les antonymes. Remplacez l'expression en italique par l'expression contraire du texte.

1. Achmet *va pour la première fois* à Constantinople.
2. Nous avons soupé avec six rois *souverains*.
3. Pangloss avait raison, tout est *mal*.
4. Elle est devenue *belle*.
5. Je vais vous *revendre* tous.
6. *J'ignore* qu'ils sont morts.
7. Les deux galériens *sont muets* et laissent tomber leurs rames.
8. Mon cher Pangloss, comment êtes-vous *mort*?
9. On m'a bien *négligé*.
10. Cunégonde lave la vaisselle chez un prince *qui habite dans son pays*.

25

Deux Histoires bizarres

«Pardon encore une fois, dit Candide au baron. Pardon, mon révérend père, de vous avoir donné un coup d'épée au travers du corps.

—N'en parlons plus. Le frère médecin du camp m'a soigné. Ensuite, les Espagnols m'ont fait prisonnier. Puis je suis retourné à Rome d'où je suis allé à Constantinople comme aumônier° de l'ambassadeur de 5 France. Un jour on me trouve en train de me baigner° avec un jeune musulman°. C'est un grand crime là-bas, et on m'envoie aux galères. Mais je veux savoir pourquoi ma sœur travaille dans la cuisine d'un prince réfugié chez les Turcs.

—Mais vous, mon cher Pangloss, comment êtes-vous ici? 10

—On m'a pendu, vous vous en souvenez°. Mais le bourreau° de l'Inquisition avait l'habitude de brûler les gens; pour les pendre il manquait d'expérience°, et j'ai été très mal pendu. Un chirurgien° a acheté mon corps. Quand il a voulu me disséquer°, cela m'a réveillé. Il m'a soigné et, en quinze jours, j'ai été guéri. Je suis devenu le 15 domestique d'un marchand de Venise qui travaille à Constantinople. Un jour, j'entre dans une mosquée°. Je vois une jeune femme, très jolie qui dit ses prières. Un gros bouquet de fleurs couvre sa poitrine°. Le bouquet tombe. Je le ramasse. L'iman° trouve que je prends trop de temps pour remettre le bouquet en place et, voyant que je suis 20 chrétien, il me fait condamner aux galères.

—Eh bien, mon cher Pangloss, après tous ces ennuis, pensez-vous toujours que tout aille pour le mieux? demande Candide.

—Bien sûr! répond Pangloss, je pense toujours de la même façon. Car enfin, je suis philosophe: il m'est impossible de reconnaître une de 25 mes erreurs.»

---

aumônier chaplain
se baigner to bathe
musulman Moslem
se souvenir de to
    remember

bourreau executioner
manquer d'expérience to
    be inexperienced
chirurgien surgeon
disséquer to dissect

mosquée mosque
poitrine bosom
iman Moslem priest

Suivons l'intrigue.

Quelles affirmations concernent Pangloss (P) et quelles déclarations concernent le baron (B)?

   1. P B Il m'est impossible de reconnaître une de mes erreurs.
   2. P B On me trouve en train de me baigner avec un musulman.
   3. P B Les Espagnols m'ont fait prisonnier.
   4. P B J'ai été très mal pendu.
   5. P B Je ramasse un gros bouquet de fleurs.
   6. P B Un chirurgien a acheté mon corps.
   7. P B Je suis retourné à Rome.
   8. P B Voyant que je suis chrétien, il me fait condamner aux galères.
   9. P B J'étais aumônier de l'ambassadeur de France.
  10. P B Je suis devenu le domestique d'un marchand de Venise.

26

Cunégonde retrouvée

Pendant que Candide, le baron, Pangloss, Martin et Cacambo racontent leurs aventures, parlent de philosophie et discutent des avantages et des inconvénients d'être sur une galère turque, on arrive au port où vit le prince Ragotski.

Les premières personnes que les voyageurs voient sont Cunégonde et la 5 vieille, qui mettent des serviettes° sur des fils° pour les faire sécher°. À cette vue, le baron devient très pâle. Candide regarde sa belle Cunégonde, brunie°, les yeux rouges, la gorge° sèche°, les joues ridées° et les bras rouges. Il recule° d'horreur, mais il avance ensuite, par politesse.

Cunégonde embrasse son frère et Candide. On embrasse la vieille et 10 Candide les rachète toutes les deux.

La vieille trouve une petite ferme pas très loin de là, où la troupe va vivre en attendant de meilleurs jours.

Cunégonde ne sait pas qu'elle est vilaine, on ne le lui a pas dit. Elle rappelle à Candide sa promesse de l'épouser, et Candide n'ose pas 15 refuser. Il avertit° le baron qu'il va épouser sa sœur.

—Jamais! dit le baron. Jamais, ma sœur épousera seulement un baron allemand.

Cunégonde se jette à ses pieds, elle pleure et crie, mais il ne change pas d'avis. 20

—Tu es vraiment fou! dit Candide. Je te sauve des galères, je paye ta rançon°, je paie celle de ta sœur. Elle a lavé la vaisselle ici, elle est vilaine et je veux quand même l'épouser. Je devrais te tuer encore une fois!

—Tu peux me tuer encore, dit le baron, mais tu n'épouseras pas ma sœur, tant que je suis vivant. 25

---

serviette towel	**gorge** bosom	**reculer** to shrink back
fil wire, cord	**sèche** dried up	**avertir** to give notice
faire sécher to dry	**joues ridées** wrinkled	**rançon** ransom
bruni(e) browned	cheeks	

Trouvons les personnages.

À quel personnage de la colonne **A** correspond une ou plusieurs descriptions de la colonne **B**?

A	B
1. Cunégonde	**a.** Très pâle
2. Candide	**b.** Les yeux rouges
3. Baron	**c.** Il recule d'horreur.
4. La vieille	**d.** Cette personne trouve une petite ferme.
	e. Il ne change pas d'avis.
	f. Les joues ridées
	g. Tu peux me tuer encore.
	h. Cette personne rappelle sa promesse de l'épouser.

27

Il faut cultiver notre jardin

Candide, dans le fond de son cœur, n'a aucune envie d'épouser Cunégonde. Mais le baron exagère! Et Cunégonde insiste beaucoup pour être épousée. Candide cherche un conseil près de Pangloss, Martin et Cacambo.

Pangloss fait un beau discours dans lequel il prouve que le baron n'a aucun droit sur sa sœur, et qu'elle peut épouser Candide quand elle veut. Martin pense qu'il faut jeter le baron à la mer. Cacambo dit qu'il faut renvoyer° ce jésuite baron aux galères. Tout le monde trouve cette idée excellente. La vieille est d'accord. On ne dit rien à la sœur, et on a le plaisir d'attraper un jésuite et de punir l'orgueil° d'un baron allemand. 10

On peut penser qu'après toutes ces aventures, Candide va mener une vie très agréable, marié à Cunégonde, vivant avec le philosophe Pangloss et le philosophe Martin, le prudent Cacambo et la vieille, et ayant encore beaucoup de diamants.

C'est une erreur: 15

Les marchands et les commerçants ont vite fait de tout prendre à° Candide. Bientôt, il ne lui reste plus que cette petite ferme. Sa femme devient tous les jours plus vilaine et elle a très mauvais caractère. La vieille a encore un plus mauvais caractère que Cunégonde. Cacambo qui s'occupe du jardin et va vendre les fruits à la ville a trop de travail. 20 Il n'est pas content. Pangloss est désespéré de n'être pas dans une université allemande. Martin seul est patient car il croit qu'on est aussi mal partout. Finalement, tout le monde s'ennuie à mourir°.

Pour s'occuper, ils vont visiter un célèbre derviche° qui est, dit-on, le meilleur philosophe de Turquie. Pangloss lui dit: 25

«Maître, nous venons vous prier de nous dire pourquoi un animal aussi étrange que l'homme a été formé.

---

renvoyer to send away
orgueil pride

ont vite fait de tout prendre à made short work of taking everything away from

s'ennuyer à mourir to die of boredom
derviche dervish, Moslem monk or friar

—De quoi te mêles-tu?° lui dit le derviche, ce n'est pas ton affaire.

—Mais, mon révérend père, dit Candide, il y a beaucoup de mal sur la terre.

—Qu'importe?° Quand le Sultan envoie un bateau en Egypte, s'occupe-
5   t-il si les souris° qui sont dans ce bateau sont contentes ou non?

—Que faut-il donc faire? dit Pangloss.

—Te taire°, dit le derviche.

—Je voulais, dit Pangloss, parler avec vous des effets et des causes, du meilleur des mondes possibles, de l'origine du mal, de la nature de
10   l'âme, de...»

Mais le derviche a fermé sa porte.

Sur le chemin du retour, on apprend que le Sultan a fait étrangler° son premier ministre. Pangloss, qui est aussi curieux que bavard°, demande à un vieil homme, qui est assis devant la porte de sa ferme, le nom du
15   ministre.

«Je n'en sais rien, répond le vieil homme. Je ne sais le nom d'aucun ministre. Je ne m'occupe pas de ce qui se passe à Constantinople, je n'y vais que pour vendre les fruits de mon jardin.»

Alors, le vieil homme invite les étrangers dans sa maison et il leur
20   offre à boire.

«Vous devez avoir, dit Candide, une terre magnifique.

—Non, répond le Turc. Je n'ai que vingt arpents°, et je les cultive avec mes enfants. Le travail éloigne° de nous trois grands maux°, l'ennui, le vice et le besoin.»

25   En retournant à la ferme, Candide pense aux paroles du vieil homme. Il dit à Pangloss:

De quoi te mêles-tu? What business is it of yours?	**se taire** to be quiet	**éloigne** to drive away
Qu'importe? So what?	**faire étrangler** to have (someone) strangled	**trois grands maux** three great evils
souris mouse	**bavard** talkative	
	arpent acre	

Et tout le monde se met au travail. Tout va, depuis, beaucoup mieux.

«Je crois que ce vieillard a une vie meilleure que celles de nos six rois de Venise.

—L'histoire nous montre, dit Pangloss, que les hauteurs° sont dangereuses. La Bible même, nous dit, vous le savez...

5   —Je sais aussi, dit Candide, qu'il faut cultiver notre jardin.

—Vous avez raison, dit Pangloss, l'homme n'est pas né pour le repos°.

—Travaillons sans raisonner, dit Martin, c'est le seul moyen de rendre la vie supportable°.»

Et tout le monde se met au° travail. Tout va, depuis, beaucoup mieux.
10 Parfois Pangloss dit à Candide:

«Tous les événements sont enchaînés dans le meilleur des mondes possibles: parce que vous avez été chassé d'un beau château pour l'amour de Mademoiselle Cunégonde, parce que vous avez subi° l'Inquisition, parce que vous avez été en Amérique°, parce que vous
15 avez donné un coup d'épée au baron, parce que vous avez perdu tous vos moutons de l'El Dorado, vous pouvez manger aujourd'hui de délicieuses pâtisseries° et des fruits frais.

—Cela est bien dit, répond Candide, mais il faut cultiver notre jardin.»

————◆————

Suivons l'intrigue.

Répondez aux questions en faisant des phrases complètes.

1. Candide et Cunégonde sont finalement ensemble. Sont-ils enfin heureux?
2. Et les autres personnages, la vieille, Pangloss, Cacambo et Martin, sont-ils heureux?
3. Quelle question Pangloss pose au derviche? Quelle est la réponse?

---

hauteurs heights	**se mettre à** to set to	**Amérique** here, South
repos rest	**subir** to undergo	America
supportable bearable		**pâtisseries** pastries

4. Quelle est la philosophie du vieux Turc?

5. À la fin, que pensent Pangloss, Martin et Candide?

Travail de synthèse.

La fin de l'histoire vous surprend-elle? Pourquoi l'auteur a imaginé une telle fin? Pensez-vous que Voltaire est d'accord avec la philosophie de Pangloss?

À travers Pangloss, Voltaire critique la doctrine du philosophe allemand Leibniz (1646–1716) qui a été déformée par son disciple Christian Wolff. Que signifie «Il faut cultiver notre jardin»? Êtes-vous d'accord avec cette opinion? Pourquoi?

Vocabulaire

A

à n'importe quel prix no matter what the price

à peine hardly

abbé (m.) abbot

abomination (f.) abomination

acteur(trice) actor

admirable remarkable

adresse (f.) dexterity

affaires (f.) business

aigu(uë) piercing

ailleurs elsewhere

ainsi que as well as

amant(e) lover

âme (f.) soul

Amérique (here) South America

anabaptiste (m./f.) member of a religious and political sect that started in the 16th century

ancien(ne) former

annonce (f.) advertisement

appartenir à to belong to

appeler au secours to call for help

approcher to go near

arme (f.) weapon

arpent (m.) acre

arroser d'eau bénite to sprinkle with holy water

arroser de larmes to bathe with tears

assister à to attend

atroce horrifying

attentivement carefully, closely

attraper to catch

au lieu de instead

au-dessus above

auberge (f.) inn

aumônier (m.) chaplain

aussitôt immediately

autant continuer might as well continue

auteur (m.) author

autodafé (m.) torture by fire (act of faith, Portuguese inquisition)

autrement differently

avec précision precisely

avertir to give notice

avis (m.) opinion

avoir de la reconnaissance to be grateful

avoir des remords to feel remorseful

avoir les yeux bandés to be blind-folded

avoir mal to hurt, feel sick

avoir mauvais caractère to be bad-tempered

avoir raison to be right

avoir tort to be wrong

avoir vite fait de tout prendre à made short work of taking everything away from

avouer to admit, confess

B

bague (f.) ring

baiser kiss

balle (f.) bullet

bande (f.) gang

baron, baronne baron, baroness

battre to hit, beat

bavard(e) talkative

beau-frère (m.) step-brother

belle-mère (f.) mother-in-law or step-mother

bête stupid

bienfaiteur (m.) benefactor

bijou (m.) jewel

blague (f.) **de carnaval** carnival prank

blessé wounded

boire à sa santé to drink to (his) health

boire to drink
bois *(m.)* woods
bonheur *(m.)* good fortune
bonté *(f.)* goodness
bouger to move
bourreau *(m.)* executioner
bouton *(m.)* pimple
broche *(f.)* spit for meat
bruit *(m.)* noise
brûler to burn
bruni(e) browned
Buenos Aires capital of Argentina
Bulgare *(m./f.)* Bulgarian

C
C'est ainsi que This is how
C'est du joli! What a way to behave!
caché hidden
Cadix city in southern Spain
caillou *(m.)* pebble
canaille *(f.)* riffraff
canot *(m.)* small boat
caresser to stroke
cas *(m.)* case
casser to break (open)
Cayenne capital of French Guiana
cendres *(f.)* ashes
cesser de to stop
chagrin *(m.)* sadness
changer d'avis to change one's mind
chargé loaded
charité *(f.)* charity
chef-d'œuvre *(m.)* masterpiece
chemin *(m.)* way
chirurgien(ne) surgeon
Cicéron celebrated Roman orator, born 106 b.c.
ciel *(m.)* heaven
claque *(f.)* slap
cochon *(m.)* pig
coeur *(m.)* heart
colère *(f.)* anger
combat *(m.)* fight
commerçant(e) merchant
compagnon *(m.)* **de voyage** traveling companion
comploter to plot
compter sur to count on

conclure to conclude
condamner to sentence
conseil *(m.)* (piece of) advice
considéré esteemed
consolateur(trice) comforter
consoler to comfort
construire to build
convive *(m./f.)* fellow diner, guest
coquin *(m.)* rascal
corrompre to corrupt, spoil
Corse Corsica
costume *(m.)* clothing
côte *(f.)* coast
cou *(m.)* neck
couler to founder, sink
coup *(m.)* **de bâton** blow with a club
coup *(m.)* **de fouet** whip lash
coup *(m.)* **de pied** kick
couper en morceaux to cut into pieces
cour *(f.)* court
coutume *(f.)* custom
craindre to fear
crier to shout, scream
croire to believe
cuire to cook
cultivé cultivated

D
d'accord O.K.
dans le mien in mine
De quoi te mêles-tu? What business is it of yours?
déchiré torn
défaut *(m.)* weakness
dégoûter to disgust
déguster to eat
délice *(m.)* delight
demander conseil to ask for advice
demeurer to reside
dépense *(f.)* expense
derrière *(m.)* bottom
derviche *(m.)* dervish, Moslem monk or friar
dès que as soon as
désert *(m.)* desert
désespérer to despair, give up hope
détrôner to dethrone
détruire to destroy

deviner to guess, suspect
devoir *(m.)* duty
diable *(m.)* devil
diamant *(m.)* diamond
Dieu le veuille! May God help us!
digne dignified
discours *(m.)* speech
discours *(m.)* words
disparaître to disappear
dispute *(f.)* quarrel
disputer to quarrel
disséquer to dissect
doge *(m.)* ruler of Venice
domestique *(m./f.)* servant
donner envie à to make (someone)
    want to
dos *(m.)* back
douleur *(f.)* pain
doux(ce) mild
droit *(m.)* right
droit(e) straight
drôle de funny
du plat de son épée with the flat (side)
    of his sword
durer to last

E
éclat *(m.)* burst
éclater de rire to burst out laughing
écurie *(f.)* stable
effet *(m.)* effect, result
effrayer to frighten
égal(e) equal
église *(f.)* church
égorger to slaughter
élever to raise, educate
éloigner to drive away
embrasser to kiss
emmener to take along
empêcher to prevent
emplir to fill
emporter to carry away
en train de in the midst of
endroit *(m.)* place
enfin finally
enfoncer dans to plunge into
ennemi(e) enemy
ennui *(m.)* trouble
ennuyer to bore

enterrer to bury
entouré surrounded
entourer de soins to look after
environ about
envoyer to send
épée *(f.)* sword
épervier *(m.)* hawk
épouser to marry
épouvanté terror-stricken
épuisé exhausted
esclave *(m./f.)* slave
espérance *(f.)* hope
esprit *(m.)* **de parti** blind party loyalty
esprit *(m.)* intelligence
esprit *(m.)* mind
estimable worthy
estimé esteemed
étoffe *(f.)* fabric
étonné surprised
être *(m.)* **sensible** sensitive being
être bien quelque part to be happy
    somewhere
être chassé to be thrown out
être de travers to be crooked
être en vie to be alive
être frappé to be hit, beaten
être trop mal pour bouger to be too
    sick to move
éventré disemboweled
exagérer to exaggerate
excommunié excommunicated
exercice *(m.)* military training
exil *(m.)* exile
exiler to exile, banish

F
fabriquer to make
faible small, minor
faire arrêter to have (someone) arrested
faire bouillir une grande marmite to
    put a big pot on to boil
faire crédit to give credit
faire des délices to delight
faire enrager to drive mad
faire étrangler to have (someone)
    strangled
faire la fortune to assure the successful
    career
faire la guerre to make war

faire prisonnier to take (someone) prisoner
faire rechercher to have people look for
faire sécher to dry
faire tuer assez de monde to have enough people killed
faire une infidélité to be unfaithful
fauteuil (m.) armchair
fendre to split open
fesser to spank
feuille (f.) leaf
fier(ière) proud
fil (m.) wire, cord
fin (f.) end
fleuve (m.) river
flotte (f.) fleet
forêt (f.) **vierge** virgin forest
formé created
fou(folle) foolish, mad
fouetté whipped
fouetter to whip
foule (f.) crowd
frontière (f.) border
fusil (m.) rifle
fusillé shot

G
galère (f.) galley ship
galérien (m.) galley slave
galoper to gallop
gémir to bemoan
Genèse (f.) Genesis (first book of the Bible)
génie (m.) genius
genou (m.) knee
gentiment kindly
gondolier (m.) gondolier
gorge (f.) bosom
goût (m.) **du beau** taste for beauty
goutte (f.) drop
gouvernement (m.) government
grâce (f.) grace, charm
grâce à thanks to
gravement gravely, solemnly
grossier(ière) clumsy
grotte (f.) cave
guéri healed
guérir to cure
guetter to waylay

H
habit (m.) clothing
hauteur (f.) height
hollandais(e) Dutch
Homère Greek epic poet, approx. 900 b.c.
Horace Latin poet, born 65 b.c.
hôte(hôtesse) host
huile (f.) oil

I
Il lui manque He is missing
Il n'était pas assez près de lui He wasn't close enough to him
il s'agit de it concerns, it's a question of
iman (m.) Moslem priest
impoli(e) impolite
incapable unable
inconnu(e) strange
insolent! arrogant!
interdit forbidden
invité(e) guest
isolé isolated

J
jambon (m.) ham
je n'ai plus qu'à mourir all I can do now is to die
jeter to throw
joue (f.) cheek
jour (m.) daylight
juif(ve) Jewish
justement actually

L
laid(e) ugly
laisser seul(e) to leave alone
laver la vaisselle to wash dishes
le meilleur the best
légèrement slightly
lendemain (m.) the next day
libérer to free
libre arbitre (m.) free will
liqueur (f.) liqueur
Lisbonne Lisbon, capital of Portugal
livre (f.) pound (1/2 kilogram)
livre (m.) **de compte** account book
livrer bataille (f.) to give battle
livrer un combat to fight

louer to praise, rent
lumière (f.) light
lunettes (f.) (eye)glasses
lutter to struggle
luxe (m.) luxury

M

maîtresse (f.) mistress
Majesté (f.) Majesty
mal (m.) evil
mal compter to miscount
malfaisant(e) malevolent
malgré in spite of
malheur (m.) misfortune
malheureux(euse) unhappy
malin(igne) clever
manichéen(ne) a person who believes
   that the world is governed by the
   equally powerful forces of good and
   evil
manquer d'expérience to be
   inexperienced
manquer to lack
manufacture (f.) factory
Marché conclu Terms were settled upon
marché (m.) bargain, agreement
marcher droit to walk straight ahead
massacrer to slaughter
matelot (m.) sailor
méchant(e) mean, nasty
menacer to threaten
mener to lead
méprisé scorned
mépriser to despise
mer (f.) ocean
mésaventure (f.) misadventure
messe (f.) Catholic religious service
   (mass)
mesurer to be tall
mettre à la broche to spit-roast
mettre le pied à terre to disembark
meule (f.) mill
mille mile
Milton (1608–1674) English poet
moine (m.) monk
moitié (f.) half
mordre dans to bite into
mosquée (f.) mosque

mouchoir (m.) handkerchief
mourir de faim to die of hunger
mourir to die
mouton (m.) sheep
moyen (m.) means, way
musulman(e) Moslem

N

navire (m.) ship
ne rien laisser perdre not to waste anything
ne vous sauvez pas don't flee

O

obéir to obey
occupé(e) busy
On m'a volé I was robbed
On ne se connaît plus! One is beside
   himself!
or (m.) gold
ordonner to order (to do something)
Oreillons "Mumps"
orgueil (m.) pride
oser to dare
oublier to forget

P

Padoue city west of Venice
palais (m.) palace
palpiter to beat
parcourir to travel through
parisien(ne) Parisian
parole (f.) word
partager to share
partout everywhere
pâtisserie (f.) pastry
patrie (f.) homeland
patron (m.) owner, boss
paupière (f.) eyelid
peau (f.) skin
pendu hanged
pension (f.) pension
père (m.) priest
peser to weigh
peuple (m.) people
piastre (f.) piaster
pièce (f.) de théâtre play
pièce (f.) room

pierre précieuse (*f.*) precious stone
pierreries (*f.*) precious stones
plage (*f.*) beach
plaire to be liked
plaisanterie (*f.*) joke
pleurer to cry
poitrine (*f.*) bosom
Polaque (*m./f.*) Polish, Pole
pouce (*m.*) inch
Pour m'apprivoiser To win me over
pousser un cri to let out a cry
précipice (*m.*) chasm
prêt(e) ready
prétendre to claim
prêtre (*m.*) priest
prier to ask
prisonnier(ière) de guerre war prisoner
procès (*m.*) trial
profond(e) deep
propos (*m.*) opinions
propre clean
propreté (*f.*) cleanliness
propriétaire (*m./f.*) owner
protégé protected
prouver to prove
puisque since
puissant powerful

Q
Qu'importe? So what?
quai (*m.*) pier
quelque part somewhere

R
racheter to buy back
racheter très cher to ransom at a high price
rade (*f.*) harbor (nautical road)
raisonner to reason, think
ramasser to pick up
rame oar
ramener to bring back
ramer to row
rançon (*f.*) ransom
Raphaël (1483–1520) Italian painter
recevoir to get (hit)
rechercher to look for
reconnaître to recognize

reculer to draw back, shrink back
régiment (*m.*) regiment
remarquer to notice
rendre malade to make sick
renoncer à to give up
renvoyer to send away
répliquer to reply
repos (*m.*) rest
reste (*m.*) rest
retrouver to find (again)
Révérence (*f.*) Highness
révérend père (*m.*) reverend father
rêveur dreamy
ridé wrinkled
rideau (*m.*) curtain
rivage (*m.*) bank
rougir to blush
royaume (*m.*) kingdom
rubis (*m.*) ruby
rusé(e) crafty

S
s'aider to help each other
s'apercevoir to be aware of
s'arrêter to stop
s'en aller to leave
s'enfuir to run away
s'ennuyer à mourir to die of boredom
s'évanouir to faint
s'occuper de to take care of
sage (*m.*) wise man
sagesse (*f.*) wisdom
Saint Ignace (de Loyola) founder of the Jesuit order
sangloter to sob
sans cesse continually
sans doute no doubt
sans histoire uneventful
sans plus hésiter without an hesitation
sauf except
sauter dessus jump on it
sauter sur to jump on
savant (*m.*) learned man, scholar
se baigner to bathe
se cacher to hide
se casser to break up
se débrouiller to manage
se défendre to defend oneself

se **figurer** to think, imagine
se **jeter** to throw oneself
se **lamenter** to moan
se **lasser de** to tire of
se **mettre à** table to start eating
se **mettre à** to set to
se **mettre d'accord** to strike an
  agreement
se **moquer de** to make fun of
se **noyer** to drown
se **plaindre** to complain
se **réchauffer** to warm up
se **reposer** to rest
se **révolter contre** to rebel against
se **sauver** to take refuge
se **soigner** to look after oneself
se **souvenir de** to remember
se **taire** to be quiet
se **traiter les uns les autres** to treat
  each other
sec(sèche) dried up
sénateur (m.) senator
sergent (m.) sergeant
serviette (f.) towel
serviteur (m.) servant
simple naïf
soigner to take care of
soin (m.) attention
soirée (f.) party
sort fate
sot(sotte) fool
souffrir to suffer
souhaiter to desire
souper (m.) to have supper
sourire to smile
souris (f.) mouse
soutenir to affirm
souverain(e) sovereign
Soyez prêt Be ready
spectacle (m.) show
subir to undergo
sucrerie (f.) sugar refinery
suivante (f.) maid
suivre to follow
sultan (m.) sultan
supportable bearable
surtout especially

T

taille (f.) size
tapisserie (f.) tapestry
tiré drawn
tirer to fire
tomber malade to become ill
tour (m.) time around
tousser to cough
tout droit à straight to
traiter to treat
tremblement (m.) **de terre** earthquake
tribu (f.) tribe
tribunal (m.) courtroom
trois grands maux three great evils
tuer to kill
turc (turque) Turkish

U

une autre espèce de folie another kind
  of madness
une pareille maladie (f.) such a disease

V

vagabond (m.) tramp
valet (m.) servant
valoir mieux to be worth more
vanité (f.) vanity, conceit
vengé avenged
venir de tuer to have just killed
ventre (m.) abdomen
verre (m.) glass
vie (f.) life
vieillard (m.) old man
vies (f.) **pires** more miserable lives
vilain(e) ugly
violé raped
viser to aim
vivant(e), en bonne santé alive and well
voile (m.) veil
voisin neighboring
voiture (f.) carriage
voix (f.) voice
voler to fly
voleur (m.) thief
volontiers gladly, willingly
vous nous plaisez we like you